Der, Die, Das

Les secrets des genres allemands

Constantin Vayenas
Traduit et édité par Eliane Meylan

Constantin Vayenas
Der, Die, Das : Les secrets des genres allemands
Traduit et édité par Eliane Meylan

Un catalogue d'enregistrement de ce livre est disponible auprès de la bibliothèque nationale suisse dans les catalogues Schweizer Buch et Helveticat. Les deux catalogues sont disponibles en ligne (www.nb.admin.ch).

ISBN-13 : 978-3-9524810-2-8 (Français)

Table des matières

Introduction 2

Der : Les règles qui rendent les noms masculins 20

Die : Les règles qui rendent les noms féminins 66

Das : Les règles qui rendent les noms neutres 91

L'un ou l'autre 120

Les noms avec plus d'un genre 127

Les noms sans genre 132

Index et test de compétence 133

Remarques 137

Introduction

Les étrangers qui souhaitent parler allemand sont confrontés au défi qu'ils ne connaissent généralement pas le genre de nombreux noms. Etant donné que les noms constituent généralement plus de 70 % des mots en langue allemande[1], ce n'est pas un obstacle insignifiant. Si nous considérons que les articles – *der*, *die*, *das* – sont collectivement les mots les plus fréquemment utilisés dans la langue allemande[2], l'incapacité de capter correctement une bonne partie du son pour parler couramment peut être ennuyante. Bien que les étudiants étrangers aient investi beaucoup d'heures dans leur cours d'allemand, ils savent que l'utilisation du genre incorrect est audible et distrait l'auditeur du message clé.

Pourquoi est-il si difficile pour les étudiants étrangers de maîtriser le genre allemand ? Il y a deux raisons principales : premièrement, ce n'est pas enseigné. Les livres de grammaire allemande l'évitent. Ceux-ci ne sont pas des dictionnaires et ne définissent pas les mots, ils ne voient pas leur tâche dans l'explication des liaisons entre les noms et les articles. C'est la mission de quelqu'un d'autre, pas la leur [3]. Cette approche de ne pas enseigner les genres aux étudiants étrangers est exactement ce que Mark Twain a expérimenté avec ses enseignants allemands au 19ème siècle : « Chaque nom a un genre, et il n'y a pas de sens ou de système dans la distribution ; ainsi donc le genre de chacun doit être appris séparément et par cœur. Il n'y a pas d'autre alternative »[4].

Essentiellement, les étudiants étrangers essayant de comprendre les genres allemands sont invités à mémoriser le dictionnaire. L'attribution du genre aux noms est essentiellement arbitraire. Ce message a été adopté par les enseignants allemands de Twain. Ils croyaient qu'il n'y avait pas d'idées spéciales sur ce sujet qui pourraient être enseignées aux étudiants étrangers de la langue[5].

Mais est venu le temps de l'ordinateur, avec sa capacité à traiter de nombreuses quantités de données. Les linguistes ont commencé à lancer le dictionnaire allemand grâce aux logiciels et à rédiger des thèses sur les résultats. Ce travail a donné lieu à des idées novatrices[6]. Leur travail a montré que le lien entre le genre et les noms ne semblait pas aussi arbitraire. Plus des analyses ont été faites, plus de modèles ont été découverts.

Leurs conclusions, importantes, n'ont cependant pas été incorporées dans des livres de la grammaire allemande car, comme mentionné précédemment, ce sujet n'est pas considéré comme relevant de la grammaire standard. Cette omission, à son tour, signifie que ces savoirs ne sont pas connus des enseignants de langue allemande et ne sont donc pas enseignés à ceux qui profiteraient le plus de cette connaissance, à savoir les étudiants étrangers en allemand. Ce n'est pas que les professeurs de langue allemande ne savent pas quel schéma utiliser pour *der*, *die* ou *das,* ils savent évidemment ce qui est juste, mais ils ne pensent pas aux principes qui déterminent le genre. C'est un sujet très différent. C'est comme connaître l'histoire des mots. Nous savons juste comment écrire les mots et comment les prononcer, et c'est tout ce que nous avons besoin de savoir. C'est la même chose pour les personnes de langue maternelle allemande, elles ne savent pas le *pourquoi* du genre, elles ne peuvent pas nous l'expliquer. Leur message à notre encontre est : « Ne demandez pas pourquoi, il faut juste mémoriser ».

Ceci nous amène à la deuxième raison pour laquelle il est si difficile pour les étudiants étrangers de maîtriser le genre allemand. Si les principes qui déterminent le genre des noms dans les livres de grammaire ne sont pas enseignés, ils doivent être acquis d'une autre manière. Une méthode d'apprentissage serait l'immersion comme la pratique les enfants allemands. Ce serait si simple. A l'âge de deux ans, les enfants allemands font déjà une distinction entre le genre des noms allemands, avec une préférence à utiliser l'article indéfini (*ein/eine*) plutôt que l'article défini (*der/die/das*)[7]. A l'âge de cinq ans, leur maîtrise du genre allemand est plutôt bonne, mais ils ont tendance à éviter ou à laisser tomber l'article défini dans les cas où ils ne savent pas lequel utiliser. Dès sept ans, dans les tests utilisant des noms inventés, les enfants allemands ont tendance à allouer à ces noms inventés le même genre que celui choisi par les adultes qui auraient fait ce test[8] [9]. Quand ils atteignent l'âge de dix ans, les enfants allemands maîtrisent pour l'essentiel le genre allemand.

Le cerveau allemand a donc été programmé pour assigner un genre aux noms allemands. Ils ne savent pas pourquoi celui-ci propose d'attribuer un genre à des mots inventés, qui est le même genre que la plupart des autres également sélectionnés, ils le font automatiquement. Ils ne peuvent pas expliquer ce qui détermine le genre, ils le savent tout simplement.

Ce livre vous familiarise, étudiant étranger de l'allemand, avec le *pourquoi* et le *comment* du genre, par exemple avec le codage par lequel le cerveau allemand sélectionne le genre pour des mots inventés. L'approche utilisée est celle de l'ingénierie inverse ; si vous connaissez ce qui détermine le genre des noms allemands, vous avez une meilleure chance d'identifier le genre correct d'un nouveau mot ou d'un mot inconnu. Attention cependant, ce n'est certainement pas la façon dont les Allemands ont appris le genre de leurs noms – ils n'ont jamais été obligés à connaître le codage qui a déterminé pourquoi une fille, *Mädchen*, n'est pas du genre féminin. Ce n'est pas ce qui a été enseigné aux locuteurs allemands à la maison ou dans leurs livres de grammaire à l'école. Mais puisque vous n'avez pas été exposé en tant qu'enfant à la même expérience, et puisque vous ne voulez plus mémoriser arbitrairement le genre de chaque nom du dictionnaire, la meilleure chose est de jeter un coup d'œil à ce codage. Deux principes fondamentaux montrent que le genre allemand a été façonné par les *catégories* et les *sons*.

Règle 1 : Les catégories

Les noms appartenant aux mêmes *catégories de choses* ont tendance à avoir le même genre. Ainsi, les couleurs et les noms en rapport avec la médecine et la chimie seront du genre neutre, les nombres et les noms de fleurs ainsi que les fruits seront du genre féminin, et les saisons, jours et mois seront masculins. En sachant par exemple que la plupart des boissons sont du genre masculin, vous disposez du mot de passe pour trouver le genre d'un cappucino, d'un thé au Rooibos, d'un vin comme le Merlot ainsi que d'un jus de pomme[10].

Compte tenu de l'importance des catégories pour déterminer le genre, lorsque de nouvelles choses sont inventées, les nouveaux noms ont tendance à prendre le genre de mots ayant une signification similaire. Par exemple, lorsque le téléphone portable a été inventé, c'est devenu *das Handy* parce que ça appartient à la même catégorie que *das Telefon*. Quand les appareils de photos ont été inventés, le résultat est devenu *das Foto* du fait que cela correspondait au genre des peintures, *das Bild*.

Les catégories sont un identifiant de genre extrêmement pertinent, si bien qu'on peut même identifier certains attributs qui sont propres à chaque genre.

Le neutre a tendance à être la catégorie pour plusieurs des éléments fondamentaux de la nature (les atomes, les molécules, les électrons, les neutrons) et de la vie en soi, *das Leben*. Il n'est donc pas surprenant que le neutre soit le genre de presque tous les éléments dans le tableau périodique. L'association du neutre avec la physique est révélée dans certaines choses qu'elle mesure : *das Ampere, das Ohm, das Watt, das Volt, das Newton, das Celsius, das Fahrenheit, das Kelvin, das Kilogramm*.

Le neutre est aussi le genre pour les niveaux supérieurs de classification, comme « l'univers » ou « l'animal ». Un nom neutre se trouve souvent au sommet de la pyramide de son sujet, comme *das Tier* suivi par les noms individuels de chaque membre du règne animal. C'est presque comme si tout d'abord venait le genre neutre et après tout le reste.

Une autre représentation possible serait les diagrammes de Venn – ces cercles que nous avons appris à l'école. Si nous appliquions ces diagrammes de Venn au genre allemand, le neutre serait à l'extérieur du cercle qui contient tout le reste.

Comme on peut le voir dans le croquis 1, tandis que le neutre représente généralement le plus grand cercle de sa catégorie, les sous-composants à l'intérieur peuvent consister en plusieurs choses différentes, chacune avec leur propre genre, y compris, encore une fois, le neutre.

Le neutre a également d'autres caractéristiques. Il a un rôle puissant sur tous les noms, en ce sens que c'est le genre par défaut pour le diminutif. Quand John est devenu le petit Johnny, il deviendrait neutre en allemand : *das Hänschen klein, das Büblein.* Pour la même raison, une petite fille est également neutre : *das Mädchen.*

La capacité du neutre à harmoniser le genre des noms est également observée dans son pouvoir sur de nombreux noms étrangers importés en allemand. Sachant cela, on peut déduire le genre allemand de *Jogging, Tennis, Poker* et *Croissant* – tous sont neutres.

Si un mot étranger importé n'est pas neutre, c'est que généralement un synonyme existe déjà, mais dans un autre genre. Les catégories sont pour la simplification, et la chose la plus simple est de placer le mot importé dans sa catégorie existante.

Le neutre a également une qualité unique, c'est le genre de dernier recours – le défaut pour « le », « la », « ceci », « cela » – sans être plus précis. Par exemple, vous pourriez dire « Was ist denn *das* ? » ou « *Es* hat mich gefreut », même si vous vous référez à une chose, à une personne ou à une situation précise. Il esquive ce dont vous parlez, même si cela peut rester implicite. Mais dès que vous précisez le nom, le trucage neutre devient un instrument émoussé et vous devez attribuer le nom à son genre.

Croquis 1 : Visualiser le caractère du genre neutre pour la plus grande collection de choses

das Universum (l'univers)

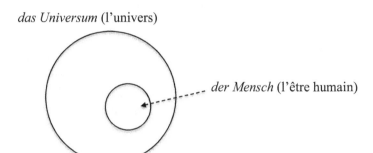

der Mensch (l'être humain)

das Gesicht (le visage)

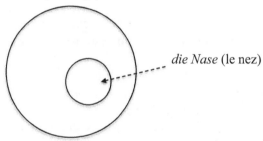

die Nase (le nez)

das Besteck (l'ensemble des couverts)

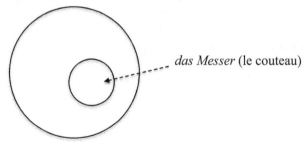

das Messer (le couteau)

Passons aux caractéristiques des noms féminins et masculins. Elles sont différentes.

Le féminin est le genre de près de la moitié des noms en allemand[11]. Compte tenu de ce rapport élevé, nous pourrions dire que, statistiquement, les noms sont soit féminins soit d'un autre genre. Près de 30 % sont masculins et autour de 20 % sont neutres. En fait, le genre féminin est si dominant que quand les enfants allemands de cinq ans font des erreurs en sélectionnant le genre du nom, ils ont tendance à utiliser massivement *die* – un signe clair qu'ils l'entendent plus souvent que *der* et *das*[12].

Si le neutre a une forte relation au monde physique, le féminin a tendance à être le genre du monde de l'abstrait. Le féminin est le genre pour les nombres, les mathématiques, certaines formes, certains comportements, la logique, l'amour et même la magie. Le rapport aux nombres confère au genre féminin le pouvoir de transformer les noms uniques en plusieurs concepts, c'est pourquoi *die Mannschaft* est singulier et féminin, même si elle peut également se référer à une équipe masculine.

Ce qui différencie les noms selon leur genre a intrigué ceux qui cherchent des réponses. Quand, à la fin des années 1800, des linguistes allemands ont publié leurs recherches concernant les distinctions entre les noms féminins et masculins, ils ont commencé par avancer les preuves aussi lointaines que possible soit une analyse du genre des noms grecs et latins[13]. Comme pour l'allemand, ces langues anciennes disposent de trois genres et avaient un impact sur l'allemand.

Par exemple, pourquoi le mot allemand pour la chasse, *Jagd*, devrait être féminin ? A partir du moment où ils ont vécu dans des grottes, la chasse n'était-elle pas le travail des hommes ? Et dans les temps modernes, cette activité n'est-elle pas de prédominance masculine ?

En recherchant des réponses possibles auprès des anciens Grecs et des Romains, on a trouvé des modèles étranges. N'est-ce pas juste une coïncidence qu'à la fois les Grecs et les Romains aient une déesse de la chasse, Artemis et Diane ? De même si la chasse est une tâche d'homme, un homme pouvait rentrer les mains vides sans nourriture pour la famille. Par conséquent, on devait respecter la déesse de la chasse – elle supervisait *die Jagd*. Elle était présente dans la nature pendant la recherche (*die Suche*) de la nourriture (*die Nahrung, die Speise, die Kost*). Elle aidait quand l'obscurité tombait (*die Dämmerung*) et quand il fallait échapper (*die Flucht*) rapidement au danger (*die Gefahr*). Compte tenu de tout ce pouvoir (*die Macht*), il semble que la chasse devait être féminine !

Peut-être de la même manière, les premières générations ne voulaient pas tromper les dieux de la guerre, du vin, de la richesse, du sommeil, des rêves, du ciel, de l'océan, du vent et de la mort – *der Krieg, der Wein, der Reichtum, der Schlaf, der Traum, der Himmel, der Ozean, der Wind, der Tod*. Et pour la même raison, il était plus sûr de reconnaître les déesses de l'amour, de la beauté, de la sagesse, de la justice, de la force, de la nuit, de la magie, de l'art, de la science, de la poésie, de la musique, de la tragédie, de l'hymne, de la comédie, de l'astronomie – *die Liebe, die Schönheit, die Weisheit, die Gerechtigkeit, die Gewalt, die Nacht, die Magie, die Kunst, die Wissenschaft, die Poesie, die Musik, die Tragödie, die Hymne, die Komödie, die Sternkunde.*

Bien sûr, les tribus germaniques avaient également leurs expériences pour différencier le masculin du féminin. Bien que les Grecs et les Romains aient eu un dieu du soleil, et que le mot « soleil » reste masculin jusqu'à ce jour en grec, en italien, en français, en espagnol et en portugais, les Allemands optèrent eux pour un nom féminin : *die Sonne*. Est-ce que cela pourrait être dû à la déesse solaire germanique Sunna, dont le frère est la lune, *der Mond* ?

La sagesse est un nom féminin en grec et en latin, et est également considéré comme un concept féminin en anglais utilisé dans la bible. Le mot grec pour sagesse est « sophia », et *l'amour de sophia*, la philosophie, est féminin en grec et en allemand. Par conséquent, ce n'est peut-être pas surprenant que la connaissance et la sagesse soient aussi une catégorie féminine en allemand : *die Art, die Besonnenheit, die Bildung, die Einsicht, die Gerechtigkeit, die Intelligenz, die Justiz, die Kenntnis, die Klugheit, die Kunst, die Methode, die Methodik, die Philosophie, die Ratio, die Sorgfalt, die Technik, die*

Technologie, die Umsicht, die Vorausschau, die Voraussicht, die Vorsicht, die Vernunft, die Weise, die Weisheit, die Weitsicht.

Une étude plus approfondie sur les différences entre les caractéristiques des noms allemands féminins et masculins révèle que les noms abstraits féminins ont tendance à se référer à des aspects plus soumis, alors que les noms abstraits masculins représentent des concepts plus agressifs[14].

Le courage (*der Mut*), le mépris (*der Hochmut*), l'audace (*der Übermut*), et l'erreur (*der Irrtum*) sont masculins. En revanche, les noms pouvant être associés à Cendrillon sont féminins : l'humilité (*die Demut*), la patience (*die Geduld*), la gentillesse (*die Gutherzigkeit*), ainsi que, hélas, la pauvreté (*die Armut*). La pauvreté peut susciter beaucoup d'inquiétude : *die Angst, die Sorge, die Besorgnis*. Mais n'oublions pas non plus les noms pour les demi-sœurs de Cendrillon : la jalousie (*die Eifersucht*), la laideur (*die Hässlichkeit*), la maltraitance (*die Misshandlung*), la cruauté (*die Grausamkeit*) et la méchanceté (*die Gemeinheit*).

Cependant, le genre féminin réside là où le pouvoir réel s'exerce : *die Kraft, die Macht, die Leistung, die Energie, die Stärke, die Festigkeit, die Belastbarkeit, die Gewalt, die Befugnis* (autorisation), *die Wucht* (la force), *die Potenz, die Mächtigkeit, die Herrschaft* (le règne), *die Vollmacht* (la procuration), *die Behörde, die Autorität, die Regierung, die Kontrolle, die Steuerung* (le contrôle).

Par contre, le pouvoir masculin semble plus visible sur le plan physique. Dans le monde animal, les grands animaux effrayants ont tendance à être masculins : *der Dinosaurier, der Elefant, der Gorilla, der Orang-Utan*, tandis que les animaux les plus petits et moins effrayants (*die Maus*) ou les plus élégants (*die Giraffe*) seront féminins. Ceci est une indication que le genre est aussi un reflet de la forme et de l'aspect. Les formes allongées ont tendance à être masculines, tels que la flèche (*der Pfeil*), le poteau (*der Pfahl*), le pilier et la colonne (*der Pfeiler*), le poteau (*der Pfosten*), le mât (*der Mast*), l'état-major (*der Stab*), le bâton (*der Stecken*), le cane (*der Stock*), le tronc d'arbre (*der Stamm*) et la tige (*der Stiel*). En revanche, les surfaces planes ont tendance à être du genre féminin (les murs, les portes, les plafonds, les tableaux noirs, les plaines : *die Fläche, die Ebene, die Wand, die Mauer, die Tafel, die Decke, die Tür, die Seite, die Flanke, die Platte*), les objets creux (les boîtes, les boîtes de conserve, les canettes, les grottes, les vallées, les tuyaux, les tubes : *die Büchse, die Box, die Dose, die Höhle, die Schachtel, die Trommel, die Tube, die Röhre*), ainsi que les formes tranchantes (les aiguilles, les fourchettes, les pinces, les ciseaux, les crochets : *die Nadel, die Gabel, die Zange, die Schere, die Klaue, die Kralle, die Pratze*) sont également en majorité féminines.

Comme un héritage divisé entre les garçons et les filles, les garçons ont eu une grosse part du gâteau : le paradis, les planètes, les lunes et les étoiles ; en revanche, les filles ont eu le soleil, la terre et la planète Vénus.

Quand un nom allemand semble devoir entrer dans une catégorie, mais ce n'est pas le cas, il faudra penser à la possibilité que cette catégorie représente une continuité ou une hiérarchie. Prenons l'exemple du temps ; les intervalles du temps les plus courts sont féminins : *die Zeit, die Uhr, die Stunde, die Minute, die Sekunde* ; les plus longues périodes sont neutres : *das Jahr, das Jahrzent* (la décennie), *das Jahrhundert* (le siècle), *das Jahrtausend* (le millénaire), et les périodes entre-deux sont du genre masculin : *der Tag, der Monat*. Quand un nom n'entre pas dans sa catégorie, tel que *die Woche, die Dekade, die Epoche*, il faut alors utiliser l'autre clé pour éclaircir le mystère : les sons.

Règle 2 : Les sons

Les noms qui commencent par certaines lettres ou se terminent par certaines lettres ou ceux qui ont un son similaire ont tendance à avoir le même genre. C'est toujours le concept des catégories : les choses similaires sont allouées au même genre. Toute cette catégorisation répond à un seul but : faciliter la communication entre ceux de la même communauté. Il s'agit de la clarté et de la survie. Quand, dans une cuisine éclairée par des bougies, vous demandez à quelqu'un de vous passer une cuillère, vous ne voulez pas que l'on vous remette un couteau.

Utiliser le bon genre donne la certitude de communiquer avec précision. Par conséquent, il n'est pas surprenant de voir que les noms d'une même sonorité sont associés à un genre particulier. Les noms se terminant par -e sont féminins à 90 %, ceux se terminant par -ie sont féminins à 95 %, -ur sont féminins à 93 %, -ucht sont féminins à 64 %, ainsi que -ich masculins à 81 %, -ett sont 95 % neutres et -ier neutres à 60 %[15].

Mettons ceci en pratique. Si vous deviez essayer d'identifier le genre de *Spur* (la piste, la voie), sachant que les noms se terminant par -ur sont féminins à 93 % du temps, vous avez pratiquement la réponse. Si vous vouliez essayer d'aller à un niveau de certitude plus élevé, vous pourriez regarder si la Règle 1 (les catégories) vous offre une aide. Quels mots signifient la même chose qu'une piste ou une voie ? *Die Strasse, die Allee, die Route, die Bahn, die Autobahn, die Piste, die Schiene, die Strecke.* Cela semble encore plus clair. Cette liste de noms féminins contient deux synonymes masculins : *der Weg, der Pfad* ; vous auriez toutes les chances d'opter pour la bonne solution : *die Spur.*

Grâce au travail du linguiste à l'ère informatique[16], nous connaissons davantage les associations sonores entre les noms et les genres. Ainsi donc, plus il y a de consonnes au début ou à la fin du nom, plus la probabilité est grande pour qu'il s'agisse d'un nom masculin, spécialement si le nom n'a qu'une syllabe. Les noms à une syllabe qui commencent et se terminent par une consonne sont du genre masculin dans 83 % des cas : *Schlaf, Sand, Zwerg, Knall, Drall, Schlamm.* Pensez à des adolescents masculins qui vous donnent des réponses à une syllabe et vous savez maintenant pourquoi la plupart de ces noms courts sont masculins.

Et il y a des terminaisons qui ont tendance à être partagées entre deux genres, ce qui donne aux étudiants une chance de 50 % d'avoir raison. Cette chance de 50 % peut encore être renforcée, en s'appuyant également sur des indices de la Règle 1 (les catégories). Par exemple, les noms se terminant par -nis sont soit féminins, soit neutres. Sachant que le neutre est le plus souvent le genre des objets inanimés et le féminin celui des concepts abstraits, les élèves peuvent deviner le genre des noms comme *Gefängnis* (la prison, un objet inanimé) et *Bedrängnis* (la détresse, un concept abstrait). L'hypothèse *das Gefängnis* peut être renforcée par la connaissance que les noms commençant par *Ge-* ont tendance à être neutres.

Nous voyons ici l'interaction de plusieurs signaux nous aidant à deviner le genre correct : le nom commençant par *Ge-* (un fort signal neutre) et se terminant par *-nis* (un signal qui pourrait être neutre s'il s'agit d'un objet inanimé). En utilisant le même principe, à savoir qu'un nom se terminant par *-nis* est susceptible d'être féminin s'il représente un concept abstrait, nous n'aurions pas tort en optant pour *die Bedrängnis*.

Prenons un autre exemple de la catégorie *-nis* : vous devez deviner le genre de *Kenntnis* (la connaissance) ainsi que *Zeugnis* (le certificat de travail/le bulletin scolaire). Le premier est un concept abstrait, le second quelque chose de plus concret, un morceau de papier : c'est pourquoi il s'agit probablement de *die Kenntnis* et *das Zeugnis*. Il va de soi que ces distinctions ne seront pas toujours évidentes, mais plus on est conscient selon lequel le genre grammatical en allemand est attribué, plus il devient utile chaque fois que l'on rencontre de nouveaux noms qui correspondent aux modèles connus. Vous allez donc prendre conscience que cette codification est précieuse, parce que vous allez continuer à chercher l'évidence. Et quand vous rencontrerez un nom qui ne correspond pas à un modèle existant, vous voudrez savoir pourquoi et vous serez en mesure de rechercher des solutions, car vous savez maintenant que l'allocation du genre n'est pas aussi arbitraire que ce que Twain avait enseigné.

Essayons un autre exemple. Vous devez deviner le genre de trois noms et on vous dit que chacun a un genre différent : *Gier* (la cupidité), *Atelier* (le studio), *Stier* (le taureau). Dans ce cas, la Règle 2 n'est pas d'une grande aide parce que ces trois noms ont exactement la même terminaison. Vous regardez si la Règle 1 pourrait vous fournir des indices : féminin pour le plus abstrait, neutre pour l'inanimé, et masculin pour ce qui est probablement masculin et une chose vivante. Vous ne vous tromperez donc pas si vous optez pour *die Gier, das Atelier, der Stier*.

A mesure que vous devenez plus conscient de la relation entre les noms allemands et les catégories, vous découvrirez des catégories qui se chevauchent et des possibilités supplémentaires pour vous aider à définir le genre.

Pensez à ces diagrammes de Venn mentionnés plus haut. Par exemple, *Atelier* est un mot français, et les mots étrangers importés en allemand ont tendance à être neutres, par conséquent c'est probablement *das Atelier*. Ou, *Atelier* est dans la même catégorie de choses que *das Haus, das Zimmer, das Studio, das Gebäude, das Geschäft*, ce qui augmente la probabilité qu'il s'agira également de *das Atelier* [17]. Plus vous commencez à penser à des noms allemands en termes de catégories, plus les possibilités de trouver le bon genre sont grandes (croquis 2).

La Règle 1 et la Règle 2 travaillent parfois en parfaite harmonie l'une avec l'autre, auquel cas vous avez une double confirmation que votre estimation est juste. Cependant, il y a également entre ces règles des conflits que vous devez connaître. La Règle 1 (les catégories) a tendance à être plus puissante que la Règle 2 (les sons). C'est pourquoi les rivières en Europe Centrale seront du genre féminin (*die Donau* – le Danube*), et les rivières en dehors de l'Europe Centrale seront du genre masculin (*der Nil* – le Nil), indépendamment des sons associés avec leurs noms.

Croquis 2 : Comment les catégories de genre se chevauchant peuvent aider à trouver le genre d'un nom

Catégorie X : Les noms importés sont souvent neutres

Catégorie Y : Les synonymes de *das Haus, das Zimmer, das Studio* sont susceptibles d'être neutres

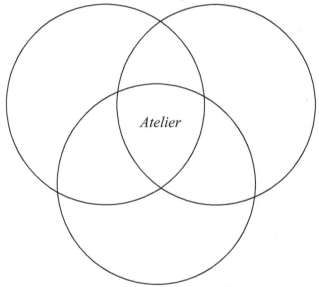

Atelier

Catégorie Z : Les noms se terminant par *-ier* sont en général neutres s'ils se réfèrent à des objets inanimés

Mais il y a aussi des cas où un son particulier (Règle 2) est si fortement associé à un genre particulier, que cette règle domine toujours la Règle 1. Par exemple, la terminaison *-erei* est presque toujours féminine, peu importe ce que la catégorie pourrait suggérer. Il s'agit alors d'un signal assez fort pour que la Règle 2 s'impose probablement pour ces noms. Prenons un exemple de la Règle 2 (les sons) qui domine la Règle 1 (les catégories). Nous savons déjà que plus le nom contient de consonnes à son début et à sa fin, plus il a de chance d'être masculin. C'est le cas pour *Pfirsich* (la pêche). Alors que la catégorie « fruit » est féminine, ce nom particulier est simplement trop fourni de consonnes pour être dans le club féminin : c'est *der Pfirsich*. La Règle 2 l'emporte.

Lorsqu'une terminaison ne semble pas correspondre à la règle, d'autres facteurs entrent en action. Par exemple, il se pourrait que le nom soit une abréviation, et les abréviations et les acronymes prennent le genre de leurs mots respectifs. Ainsi, *die Lokomotive*, qui se termine en *-e*, est abrégée en *die Lok*, qui ne contient pas de *-e* féminin, et dont le genre vous surprendrait si vous y étiez confronté pour la première fois.

Certaines des exceptions semblent ne pas avoir de raison d'être. Par exemple, pourquoi un couteau, une fourchette et une cuillère – les plus élémentaires et les plus importants des ustensiles de cuisine et de table – devraient-ils avoir chacun un genre différent en allemand ?

Commençons par le couteau : les métaux ont tendance à être neutres et les armes également. Une épée (*das Schwert*), une longue lame en métal utilisée pour trancher, est neutre. Devrions-nous donc être surpris que le couteau, une petite lame utilisée pour couper, soit également neutre ? Ce cas réglé, il reste la fourchette. C'est une façon plus féminine de manger. Marie-Antoinette n'avait pas besoin d'ôter ses gants pour manger, elle utilisait une fourchette. Le nom allemand pour fourchette, *Gabel*, utilisé en d'autres temps, avait à la fois une terminaison féminine en *-a* et une terminaison féminine en *-e*. Bien sûr, ceci n'est pas connu du grand public. Le fait est que le genre des noms n'est pas un phénomène totalement arbitraire. Chaque nom a une histoire et un contexte que nous ne connaissons généralement pas. Le mot *Gabel* est également lié à la même catégorie allemande que *die Forke* (une fourche). Il existe également une autre catégorie pertinente qui se chevauche : les formes pointues ont tendance à être féminines, comme pour *die Nadel* (l'aiguille) [18]. Ainsi, avec ces nombreux antécédents, il ne semble pas illogique que la fourchette soit féminine : *die Gabel*.

Ce qui nous amène à la cuillère. Si l'utilisation de la fourchette consiste à manger proprement, ce n'est pas le cas de la cuillère. La cuillère a des associations plus rudes ; c'est masculin : *der Löffel*.

Maintenant que vous connaissez l'origine de leur genre, l'association pourrait rester ainsi : *das Messer, die Gabel, der Löffel*. Même si vous ne vous souvenez que d'une des trois histoires, vous avez 100 % de chance de toujours vous souvenir du genre de l'objet dont vous connaissez l'histoire.

La question-clé, le *Pourquoi* demeure ? Quel est l'objectif des trois genres ? Pourquoi pas uniquement un seul ? Si la langue anglaise peut s'arranger avec seulement « the », pourquoi la langue allemande a-t-elle besoin d'autant de genres différents ?

L'hypothèse générale est que si quelque chose a persisté pendant tant de siècles, il doit bien y avoir une raison. Le rôle clé des genres allemands est la précision. Tous ceux qui ont déjà essayé de faire une traduction sérieuse de l'anglais en allemand savent que l'allemand, la langue d'Einstein, se révèle être beaucoup plus précis que l'anglais. Traduire le mot anglais « it » en allemand demanderait à l'écrivain allemand de déterminer s'il s'agit de « er », « sie », « es », « ihn », « ihm », « ihr », « der », « die », « das ». Un plus haut degré de précision est sans doute aussi plus important en allemand qu'en anglais, car les phrases en allemand sont généralement plus longues que celles en anglais (environ 20 % plus longues) et les phrases allemandes ont le verbe à la fin de la phrase, assez loin du sujet. Pour éviter la confusion sur qui a fait quoi à qui, avec quoi et quand, on a besoin d'identifiants plus précis lorsque les phrases sont longues et que le verbe est séparé du sujet par beaucoup d'autres mots. Les Allemands ne vont pas abandonner les genres si vite.

De quelle manière doit-on utiliser ce guide ? D'abord vous voudrez peut-être le lire, comme vous le feriez pour un livre. Ensuite vous pouvez vous reporter aux chapitres spécifiques. Lorsque vous deviendrez plus conscient des Règles 1 et 2, elles vous aideront à trouver le genre de catégories entières de noms, ce qui augmentera votre confiance à parler l'allemand. Le but des nombreux exemples est de rendre la règle plus facile à retenir en augmentant la probabilité de trouver des noms qui confirment votre association à une règle particulière.

L'index à la fin sert également de base pour vous tester vous-même. Chaque entrée peut être utilisée comme une question : Quel genre cette entrée a-t-elle tendance à représenter ? Souvenez-vous, vous opérez avec des probabilités. Mieux vous combinez vos connaissances des Règles 1 et 2, plus vous augmentez votre chance de deviner le genre exact.

La valeur clé de ce livre est d'illustrer des modèles qui relient les noms à un genre particulier. Cependant, vous pourriez vouloir essayer de noter de nouveaux noms adaptés aux modèles. Il est également probable que vous découvrirez de nouvelles catégories et de nouvelles interconnexions pertinentes pour le vocabulaire dont vous avez besoin dans votre domaine d'expertise. D'autres découvertes sont à faire.

Compte tenu du temps que vous avez probablement déjà investi dans l'apprentissage de l'allemand pour atteindre ce point, définir le genre grâce à l'ingénierie inverse est une aventure que vous apprécierez beaucoup. Cependant, voici un mot d'avertissement. Les personnes de langue allemande, à moins qu'elles ne soient professeurs de linguistique spécialisées dans le sujet ésotérique du genre grammatical, ne seront pas prêtes à partager votre enthousiasme d'avoir découvert les clés pour déterminer le genre. Pour eux, le genre est un jeu d'enfant. Et de ce fait, parce qu'on ne leur a jamais enseigné les outils à l'ingénierie inverse à l'école, ils seront sceptiques à l'idée que vous appreniez des règles dont ils n'ont jamais entendu parler. Et comme vous devenez plus expérimenté à ce sujet et que vous voulez en parler, ils vont le prendre avec humour pour un certain temps et l'accepter pour vous faire plaisir, mais ils vont vite se fatiguer de votre tentative à enseigner les principes qui régissent les genres dans leur propre langue. Pour eux, tout ceci est inutile, ils peuvent déjà le faire sans avoir à y penser. Ils ne savent pas le *pourquoi*, juste le *comment*. Vous êtes en train d'apprendre le *pourquoi* pour savoir le *comment*.

Par conséquent, restez motivés, partagez votre enthousiasme avec les étudiants qui luttent, comme vous, pour maîtriser le genre allemand.

Der : Les règles qui rendent les noms masculins

Règle 1 : Les catégories

Beaucoup de types d'animaux (spécialement s'ils sont grands, font peur, sont laids, puissants, ou apparaissent comme les méchants dans les contes de fées) **:** der Adler, der Alligator, der Bär, der Biber, der Blauwal, der Büffel, der Delphin, der Dinosaurier, der Elefant, der Esel, der Fisch, der Fuchs, der Gorilla, der Hahn, der Hamster, der Hummer, der Hund, der Käfer, der Löwe, der Maulwurf, der Orang-Utan, der Stier, der Tieger, der Vogel, der Wal, der Wolf. Si les animaux sont plus petits et moins puissants, ils peuvent généralement être identifiés comme étant mâles s'ils se terminent par *-er* : der Hamster, der Käfer

Les périodes pendant la journée : der Morgen, der Abend, der Mittag (mais pas die Nacht, parce que les noms se terminant par *-acht* sont du genre féminin)

Les jours de la semaine : der Tag, der Montag, der Dienstag, der Mittwoch, der Donnerstag, etc.

Les mois : der Monat, der Januar, der Februar, der März, etc.

Les saisons : der Frühling, der Sommer, der Herbst, der Winter

Les repères sur la boussole : der Kompass, der Norden, der Süden, der Osten, der Westen, der Pol, der Nordpol, der Südpol, der Gegenpol

Les précipitations et les vents : der Tropfen, der Regen, der Nebel, der Schnee, der Hagel, der Sturm, der Blitz, der Donner, der Wind, der Tornado, der Hurrikan, der Föhn, der Passat, etc. (Exceptions : die Böe, die Brise, die Bise – parce qu'ils se terminent par une voyelle associée à des noms féminins)

Les corps célestes : der Asteroid, der Jupiter, der Himmel, der Komet, der Mars, der Merkur, der Mond, der Neptun, der Planet, der Quasar, der Pluto, der Pulsar, der Satellit, der Saturn, der Stern ; Venus est par contre double, la déesse romaine de l'amour ainsi que le nom d'une planète, par conséquent féminine, et *die Sonne* et *die Erde* ont tous les deux les puissantes terminaisons en *-e*, association typique avec les noms féminins

Les types de sols, les minéraux et les roches : der Boden, der Stein, der Fels, der Granit, der Diamant, der Marmor, der Quarz, der Sand, der Smaragd (émeraude). Une exception : die Kreide (se terminant en un *-e* féminin)

La saleté et les déchets : der Abfall, der Dreck, der Dung, der Kehricht, der Plunder, der Mist, der Müll, der Schmuddel, der Schrott, der Staub, der Schmutz, der Urin, etc.

Les noms de plusieurs rivières à l'extérieur de l'Europe centrale : der Amazonas, der Mississippi, der Nil (exceptionnellement également der Rhein, der Main)

Les plans d'eau intérieurs : der Bach (le courant), der Fluss (d'où nous obtenons également plusieurs noms masculins apparentés : der Abfluss, der Ausfluss, der Einfluss), der Kanal, der See (le lac), der Teich (l'étang), der Damm (le barrage), der Pool (la piscine)[19]

Les noms des montagnes : der Berg, der Gipfel, der Hügel, der Mount Everest, der Mont Blanc, der Kilimanjaro, (même dans le cas de *der Himalaja/der Himalaya*, qui se termine en *-a*, et qui a tendance à être féminin)

Les formes allongées :

o der Arm (le bras)
o der Ast (la branche)
o der Baumstamm (le tronc d'arbre)
o der Draht (le câble)
o der Golfschläger (le club de golf)
o der Hals/der Nacken (le cou, la nuque)
o der Mast (le mât)
o der Pfahl (le pieu)
o der Pfeiler (le pilier/la colonne)
o der Pfosten (le poste)
o der Schenkel (la cuisse)
o der Stab (la barre)
o der Stecken (le bâton)
o der Stiel (la tige)
o der Stift (le stylo)
o der Stock (le bâton)
o der Turm (la tour)

Les habits : der Filz (le feutre), der Lappen (le chiffon), der Stoff, der Taft (le taffetas, soie tissée ou tissu synthétique similaire)

Les types de poissons : der Fisch, der Aal (l'anguille), der Lachs (le saumon), der Kabeljau (le cabillaud ou la morue), der Haifisch (le requin), der Wolfsbarsch (le bar/le loup de mer), der Thunfisch (le thon). Exceptions : quand le nom du poisson se termine en un *-e* féminin : die Forelle (la truite), die Seezunge (la sole)

Les plantes : Avec l'exception des arbres, des fleurs et des fruits (qui ont tendance à être féminins, particulièrement s'ils se terminent en *-e*), les noms des plantes, des légumes, des salades et d'épices sont en général masculins s'ils ne finissent pas en *-e* : der Bambus (le bambou), der Brokkoli, der Blumenkohl (le chou-fleur), der Fenchel (le fenouil), der Rosenkohl (le chou de Bruxelles), der Spinat (l'épinard), der Pfeffer (le poivre), der

Hanf (le chanvre), der Lauch (le poireau), der Pilz (le champignon), der Meerrettich (le raifort), der Ingwer (le gingembre), der Senf (la moutarde), der Oregano (l'origan), der Schnittlauch, der Dill, der Thymian, der Estragon, der Rosmarin, der Koriander, der Salat, der Reis, der Mais

Les jus : der Saft, der Apfelsaft, der Orangensaft, der Zitronensaft

Le café, le thé et le gâteau : der Tee ($\rightarrow$ der Rooibos), der Kaffee ($\rightarrow$ der Espresso, der Capuccino), der Kuchen

Les noms de boissons alcoolisées : der Alkohol, der Champagner, der Cognac, der Likör, der Ouzo, der Prosecco, der Rum, der Schnaps, der Sekt, der Wein, der Whiskey, der Wodka (exception : *das Bier* [20])

Les sous-catégories prennent le même genre que la catégorie principale :

- o der Wein $\rightarrow$ der Merlot, der Spätburgunder
- o der Cocktail $\rightarrow$ der Mojito, der Cosmopolitan
- o das Bier $\rightarrow$ das Pils (une marque de bière)

L'équipement/les instruments/les outils (spécialement quand ces noms se terminent en *-er* ou *-or*) :

- o der Atomreaktor
- o der Computer
- o der Cursor
- o der Detektor
- o der Fernseher
- o der Generator
- o der Katalysator
- o der Kondensator
- o der Kugelschreiber
- o der Monitor
- o der Motor

- o der Projektor
- o der Prozessor
- o der Radiator
- o der Sensor
- o der Simulator
- o der Stabilisator
- o der Taschenrechner
- o der Toaster
- o der Traktor
- o der Ventilator

Quelques noms non matériels se terminant en *-or* :

- o der Chor (la chorale)
- o der Faktor
- o der Horror
- o der Humor
- o der Indikator
- o der Korridor
- o der Sektor
- o der Terror
- o der Tresor
- o der Tumor
- o der Vektor

Les noms de marques de voiture : der Audi, der BMW, der Mercedes, der Volkswagen ont tendance à être masculins. Cette règle ne s'applique pas aux types de voitures, donc c'est *das Cabriolet* (une voiture avec un toit ouvrant) et *das Coupé* (une voiture avec un toit fixe et deux portes), qui sont d'origine française, les noms importés en allemand étant neutres. C'est par contre *die Limousine* parce qu'il y a une terminaison féminine en *-e*.

Les noms de trains : der Zug, der ICE, der TGV

Les différentes monnaies : der US-Dollar, der Euro, der Schweizer Franken, der südafrikanische Rand, der Renminbi, der chinesische Yuan, der japanische Yen, der Rubel, der Peso, der Cent, der Pfennig, der Rappen

Exceptions : das britische Pfund (parce que *Pfund*, qui est aussi une mesure de poids, est neutre), die Lira, die Krone (la terminaison est en -*a* et en -*e*), die Mark, die Deutschmark, die D-Mark (qui avait l'habitude d'avoir une terminaison en -*a* et en -*e* au Moyen-Âge)

Les types de musiques : der Blues, der Jazz, der Pop, der Rock, der Rap, der Reggae, der Schlager (mais pas pour les genres de musiques reconnus tels que *die Klassik, die Oper*)

Les types de danses : der Foxtrott, der Tango, der Bolero, der Flamenco, der Cha-Cha-Cha, der Mambo, der Rumba, der Samba[21], der Walzer. Exceptions : die Polka, das Menuett

Les noms qui désignent des personnes masculines seront masculins : Ce devrait être la catégorie la plus intuitive, bien sûr, mais pas toujours dans le cas de l'allemand. Alors qu'il existe un lien entre le « genre naturel » de la personne et le « genre grammatical » du nom dans le cas de *der Mann, der Vater, der Sohn, der Bub, der Bruder, der Onkel*, etc. les diminutifs deviennent neutres, comme dans *das Bübchen*, le petit garçon, ou *das Männchen* (en se référant à un petit homme, peut-être plus par pitié ou comme caricature). Il y a aussi plusieurs cas où, même lorsque nous parlons d'un homme, le genre du nom n'est pas nécessairement masculin, comme dans le cas de *die Person* (la personne) ou *die Geisel* (l'otage)

Règle 2 : Les sons

Les noms masculins ont tendance à commencer et à se terminer par une consonne, et plus il y a de consonnes au début et à la fin de chaque nom, plus il est probable que le nom soit masculin.

Les noms avec les préfixes ainsi que les suffixes ci-dessous sont masculins :

-aal : der Aal (poisson : l'anguille), der Saal – la salle et plusieurs de ses dérivés, par exemple der Gerichtssaal (la salle du tribunal), der Speisesaal (la salle à manger), der Wartesaal (la salle d'attente)

-ag :
- o der Airbag
- o der Alltag
- o der Anschlag
- o der Antrag
- o der Auftrag
- o der Beitrag
- o der Belag
- o der Durchschlag
- o der Ertrag
- o der Gag (du mot anglais *gag*)[22]
- o der Hag
- o der Jetlag
- o der Lag (du mot anglais *lag*)
- o der Montag
- o der Tag
- o der Schlag
- o der Verlag
- o der Vertrag
- o der Vorschlag

-all :
- o der Abfall
- o der Aufprall
- o der Ball
- o der Drall (la rotation)
- o der Fall
- o der Hall (l'écho)
- o der Knall
- o der Krawall

- o der Kristall
- o der Schall
- o der Vorfall
- o der Zufall

Exceptions (neutres) :

- o das All (même catégorie que pour *das Universum*)
- o das Intervall (d'origine du latin *intervallum*)
- o das Metall (les métaux sont neutres)

Exceptions (féminin) :

- o die Nachtigall (beaucoup de petits oiseaux sont féminins, comme c'est le cas pour le rossignol)

-am : der Gram (le deuil), der Kram (le truc), der Imam, der Islam, der Sesam (le sésame), der Poetry-Slam, der Grand Slam

-an : Les noms se terminant en *-an* sont pour la plupart masculins. La terminaison *-an* est si forte qu'elle remplace le principe selon lequel les mots importés ont tendance à devenir neutres

- o der Altan (une sorte de balcon)
- o der Baldrian (la valériane, plante ou drogue)
- o der Balkan (les Balkans)
- o der Blödian (l'idiot)
- o der Caravan (la caravane)
- o der Dekan (le doyen)
- o der Diözesan (le membre d'un diocèse)
- o der Diwan (le divan)
- o der Dressman
- o der Elan (l'élan/le zèle)
- o der Enzian (la gentiane)
- o der Fan (l'admirateur/le supporter/le fan)
- o der Fasan (le faisan)
- o der Gentleman

o der Grobian (la brute)
o der Grünspan (le vert-de-gris)
o der Hooligan
o der Hurrikan (l'ouragan)
o der Iran, der Sudan, der Südsudan (seulement quelques pays sont masculins, la plupart sont neutres)
o der Kaftan (le caftan)
o der Kastellan (le châtelain)
o der Katamaran (le catamaran)
o der Orang-Utan (l'orang-outan)
o der Klan (le clan)
o der Koran
o der Kran (la grue)
o der Kumpan (le copain)
o der Lebertran (l'huile de foie de morue)
o der Leguan (l'iguane)
o der Majoran (la marjolaine – les épices sont masculines)
o der Median (la médiane)
o der Meridian (le méridien)
o der Merlan (le poisson : le merlan)
o der Orkan (l'ouragan)
o der Ortolan (l'oiseau : l'ortolan)
o der Ozean (l'océan)
o der Parmesan (le fromage parmesan)
o der Pavian (le babouin)
o der Pelikan (le pélican)
o der Plan (le plan)
o der Ramadan (le ramadan)
o der Roman (le roman)
o der Safran (le safran : les épices sont féminines)
o der Schlendrian (le fainéant)
o der Schwan (le cygne)
o der Slogan (le slogan)
o der Sopran (le soprano)
o der Span (la puce)
o der Steppenwaran (le varan)
o der Stuntman (le cascadeur)

- o der Sultan
- o der Talisman (le talisman)
- o der Tarzan
- o der Thymian (le thym : les épices sont masculines)
- o der Titan (le dieu grec : une personne forte)
- o der Trimaran (le trimaran)
- o der Tran (l'huile de baleine)
- o der Tukan (l'oiseau : le toucan)
- o der Turban (le turban)
- o der Ulan (le cavalier armé d'une lance)
- o der Untertan (le sujet, dans une monarchie)
- o der Van (le van : type de voiture)
- o der Vatikan (le Vatican)
- o der Veteran (le vétéran)
- o der Vulkan (le volcan/le dieu romain du feu)
- o der Yuan (la monnaie chinoise)

Plusieurs noms masculins se terminent en *-an* :

(der) Adrian, (der) Christian, (der) Fabian, (der) Florian, (der) Ivan, (der) Jean, (der) Jonathan, (der) Julian, (der) Kian, (der) Killian, (der) Marian, (der) Maximilian, (der) Sebastian, (der) Stefan/Stephan, (der) Tilman, (der) Tristan

Exceptions : Les noms des pays seront eux du genre neutre et également dans le cas des noms se terminant en *-an*[23] : (das) Afghanistan, (das) Aserbaidschan, (das) Bhutan, (das) Japan, (das) Kasachstan, (das) Kirgistan, (das) Kurdistan, (das) Pakistan, (das) Tadschikistan, (das) Taiwan, (das) Turkmenistan, (das) Usbekistan

Autres exceptions neutres avec la terminaison en *-an* : les éléments dans la table périodique, les métaux, les gaz, les substances chimiques et leurs dérivés seront neutres :

- o das Butan (le butane)
- o das Heptan (l'heptane)
- o das Hexan (l'hexane)

- o das Filigran (le filigrane : travail d'ornement en or ou en argent)
- o das Mangan (le manganèse)
- o das Methan (le méthane)
- o das Nonan (le nonane)
- o das Oktan (l'octane)
- o das Pentan (le pentane)
- o das Propan (le propane)
- o das Titan (le titanium)
- o das Tryptophan (le tryptophan)
- o das Uran (l'uranium)
- o das Marzipan (le massepain)
- o das Porzellan (la porcelaine)
- o das Zellophan (le cellophane)

Trois autres exceptions de neutre souvent utilisées : *das LAN* (abréviation de Local Area Network), *das WLAN* (abréviation pour Wireless Local Area Network), *das Organ* (organe corporel ou organe institutionnel)

Une exception féminine très rare pour la terminaison *-an* : *die Membran* (la membrane), même catégorie que *die Haut*.
Les noms féminins se terminant en *-an* : (die) Lilian, (die) Marian

-ang :

- o der Anfang
- o der Drang
- o der Einklang
- o der Empfang
- o der Fang
- o der Gang
- o der Gesang[24]
- o der Hang
- o der Klang
- o der Mustang
- o der Rang

- o der Slang
- o der Strang (le fil/la corde)
- o der Tang (l'algue)
- o der Vorhang

-ant : Les personnes masculines ou animaux mâles

- o der Demonstrant
- o der Elefant
- o der Lieferant

Exceptions : Les objets inanimés ou noms importés du français, ce qui a tendance à les rendre neutres : das Croissant, das Deodorant, das Restaurant

-ast :

- o der Ballast (le ballast)
- o der Bast (le raphia)
- o der Chloroplast (le chloroplaste)
- o der Damast (le damassé)
- o der Enthusiast (l'enthousiaste)
- o der Fahnenmast (le porte-drapeau)
- o der Fantast/Phantast (le rêveur/le fantaisiste)
- o der Gast (l'hôte)
- o der Gymnasiast (le gymnasien/le lycéen)
- o der Knast (la prison)
- o der Kontrast (le contraste)
- o der Mast (le mât)
- o der Morast (le bourbier)
- o der Palast (le palace)
- o der Seidelbast (l'arbuste daphné)
- o der Toast[25] (le toast)
- o der Zytoblast (le cytoblaste)

Les exceptions féminines -*ast* (le féminin est dans la majorité des cas la catégorie de noms abstraits) :

- o die Altlast (l'héritage)
- o die Beweislast (la charge de la preuve)
- o die Hast (la hâte)
- o die Last (la charge/le poids)
- o die Mast (l'engraissement)
- o die Rast (le repos)
- o die Unrast (l'agitation)

-auch :
- o der Bauch
- o der Brauch
- o der Gebrauch (l'utilité/la pratique/la convention)
- o der Knoblauch (l'ail)
- o der Lauch (le poireau)
- o der Missbrauch
- o der Rauch
- o der Schlauch (le tuyau)
- o der Strauch (l'arbuste)
- o der Verbrauch

-aum :
- o der Baum
- o der Flaum (le duvet)
- o der Raum (l'espace/la pièce)
- o der Saum (l'ourlet/la couture/le bord)
- o der Schaum (la mousse)
- o der Traum

-bold :

- o der Kobold (le lutin)
- o der Lügenbold (le menteur invétéré)
- o der Trunkenbold (l'ivrogne)
- o der Witzbold (le blagueur)

-eg :
- o der Abstieg
- o der Ausstieg

- o der Ausweg
- o der Beleg
- o der Krieg
- o der Weg

Deux exceptions d'origine latine qui les rend neutres : das Privileg, das Sakrileg

-eis :
- o der Kreis (même catégorie que *der Ring, der Zirkel*)
- o der Preis
- o der Ausweis (mais *das Eis → das Wasser*)

-en : Environ 80 % [26] des noms se terminant en *-en* sont masculins, le reste étant neutre. La terminaison en *-en* n'est pas typiquement du genre féminin

- o der Balken (la poutre)
- o der Ballen (le paquet/le fagot/la liasse)
- o der Barren (les barres parallèles/le lingot)
- o der Batzen
- o der Besen
- o der Boden
- o der Bogen
- o der Braten
- o der Brocken
- o der Brunnen
- o der Busen
- o der Daumen
- o der Degen
- o der Drachen
- o der Faden
- o der Felsen
- o der Fetzen (la déchirure)
- o der Fladen
- o der Frieden
- o der Funken
- o der Galgen

o der Garten
o der Gaumen (le palais)
o der Glauben
o der Graben
o der Hafen
o der Haken
o der Haufen
o der Hoden
o der Hopfen
o der Husten
o der Karpfen (poisson : la carpe, et les poisons sont généralement du genre masculin)
o der Karren
o der Kasten
o der Klumpen
o der Knochen
o der Knoten
o der Kolben (le piston)
o der Korken (le bouchon)
o der Kragen
o der Krapfen
o der Kuchen
o der Laden
o der Lappen
o der Loden
o der Magen
o der Nacken
o der Ofen
o der Orden
o der Packen (le tas/la pile)
o der Pfropfen
o der Rachen
o der Rahmen
o der Rasen
o der Rechen (le râteau)
o der Regen
o der Reifen
o der Rochen (poisson : la raie)

- o der Roggen (le seigle)
- o der Rücken
- o der Samen
- o der Schaden
- o der Schinken
- o der Schnupfen
- o der Schuppen
- o der Segen
- o der Socken
- o der Spaten
- o der Stecken
- o der Streifen
- o der Tropfen
- o der Wagen
- o der Weizen
- o der Zacken
- o der Zapfen

Environ 20 % des noms finissant en -*en* sont neutres :[27]

- Les noms dérivés des verbes se terminant en -*en* sont neutres[28]: das Essen, das Leben, das Wissen, das Schreiben, das Treffen, das Beben

- Les diminutifs se terminant en -*en* sont neutres : das Küken, das Fohlen (poulain nouveau-né)

- La grammaire ainsi que les parties de discours ont tendance à être une catégorie neutre, également lorsque le nom se termine par -*en* : das Nomen

- Les catégories de classement de niveau supérieur ou de premier ordre sont le plus souvent neutres (voir le chapitre sur les noms neutres pour une explication plus détaillée) qui serait aussi vraie pour les noms dans cette catégorie se terminant en -*en* : das Wesen, das Volumen, das Vermögen

- Plusieurs noms associés à la chambre à coucher (*das Schlafzimmer*) et la salle de bain (*das Badezimmer*) sont généralement neutres, et donc aussi pour les noms apparentés se terminant en -*en* : das Laken (le drap), das Kissen (l'oreiller), das Leinen (le lin), das Leintuch (la lingerie), das Bett (le lit) ; das Becken (le bassin, l'évier/l'étang/la piscine), das Waschbecken (le lavabo), das Bad (le bain)

- D'autres noms neutres se terminant en -*en* : das Examen (une importation française qui la rend neutre), das Eisen (le fer – les métaux sont neutres), das Wappen (les armes seront plutôt neutres, dans la même catégorie que *das Banner*, *das Hoheitszeichen*)

-ent : (mais pas typiquement -*ment*[29])

- o der Abiturient
- o der Abonnent
- o der Absolvent
- o der Advent
- o der Agent
- o der Akzent
- o der Assistent
- o der Barchent
- o der Cent
- o der Dirigent
- o der Dissident
- o der Dozent
- o der Exponent
- o der Gradient
- o der Koeffizient
- o der Konsument
- o der Kontinent
- o der Kontrahent
- o der Konvent
- o der Korrespondent
- o der Moment

o der Okzident
o der Opponent
o der Orient
o der Patient
o der Präsident
o der Produzent
o der Quotient
o der Referent
o der Regent
o der Resident
o der Rezensent
o der Student
o der Zedent

Exceptions (neutres) :

o das Kontingent (du français, origine latine)
o das Patent (du latin, ce qui le rend à être neutre en allemand)
o das Prozent (de la même catégorie que les fractions qui sont typiquement neutres : *das Viertel*, etc.)
o das Talent (originellement une unité de poids, comme *das Pfund*, mais également une aptitude ou une compétence naturelle)
o das Transparent (la bannière, d'où également *das Banner*)

-er : Environ 70 % des noms finissant en *-er* (mais pas en *-ier*[30]) sont masculins[31]

o der Acker (la surface/le champ)
o der Anker (l'ancre)
o der Ärger
o der Bagger
o der Becher
o der Bedenkenträger
o der Biber
o der Bohrer

o der Bunker
o der Donner
o der Dünger
o der Eifer
o der Eimer
o der Eiter
o der Fächer (l'éventail)
o der Falter (le papillon de nuit)
o der Fehler
o der Filter
o der Finger
o der Fühler
o der Hafer
o der Hammer
o der Hamster
o der Höcker (la bosse du chameau)
o der Hocker (le tabouret/la personne qui s'assied longtemps)
o der Hummer
o der Hunger
o der Ingwer
o der Jammer
o der Kader (en Suisse : *das Kader*)
o der Käfer
o der Kater
o der Keller
o der Kerker (le cachot)
o der Kleber
o der Köder (l'appât)
o der Koffer
o der Körper
o der Krater
o der Kühler
o der Kummer
o der Laser
o der Lüster (le lustre)
o der Ordner
o der Panzer

- o der Sender
- o der Sommer
- o der Teller
- o der Tiger
- o der Walzer
- o der Wecker
- o der Winter
- o der Zauber
- o der Zeiger
- o der Zucker

Les noms dérivés de verbes avec le suffixe *-er* ont tendance à être masculins : arbeiten → der Arbeiter ; fahren → der Fahrer ; lehren → der Lehrer ; spielen → der Spieler

Les noms, verbes ou adjectifs suivis des syllabes *-er*, *-ler*, *-ner*, *-iker* qui leur sont associés sont majoritairement masculins : Eisenbahn → der Eisenbahner, Hamburg → der Hamburger, Sport → der Sportler, Rente → der Rentner, Alkohol → der Alkoholiker, fernsehen → der Fernseher, fehlen → der Fehler

Les dérivés des nombres avec une terminaison en *-er* sont principalement masculins : 50 → der Fünfziger

Exceptions : Environ 50 % des noms finissant en *-er* sont féminins[32]

Une catégorie de noms se terminant en *-er* de genre féminin sont des parties du corps :

- o die Ader (la veine)
- o die Leber (le foie)
- o die Schulter (l'épaule)
- o die Wimper (le cil)
- o die Herzkammer (le ventricule)

D'autres noms féminins se terminant en *-er* :

- o die Butter (contenait auparavant un -*a* comme terminaison ; pensons à : die Kuh → die Milch → die Butter)
- ∩ die Dauer (la durée : même catégorie que pour *die Zeit*)
- o die Elster (la pie ; les petits oiseaux sont féminins)
- o die Faser (la fibre : synonyme avec *die Litze*, le fil barbelé)
- o die Feder (la plume ou le ressort)
- o die Feier (la célébration/la cérémonie/le festival)
- o die Folter (la torture : même catégorie féminine que *die Quälerei, die Tortur*)
- o die Leiter (l'échelle ; synonyme de *die Verbindung* ; dérivé de *die Leitung*)
- o die Marter (la torture : la tourmente/le supplice)
- o die Mauer (synonyme de *die Wand* ; les formes plates sont du genre féminin)
- o die Metapher (synonyme de *die Übertragung*)
- o die Oper (disposait d'un -*a* final à la fin des années 1700)
- o die Steuer (l'impôt ; les nombres sont féminins)
- o die Trauer (la douleur ; les larmes sont féminines : *die Träne*)
- o die Ziffer (les nombres sont féminins)

Exceptions neutres : Environ 50 % [33] des noms se terminant en -*er* sont neutres

- o das Alter (tête de catégorie de haut niveau pour l'âge, habituellement mesuré en années, *das Jahr*)
- o das Banner (la bannière, mot importé du français donc a tendance à être neutre ; également dans la même catégorie neutre que *das Hoheitszeichen, das Wappen*)
- o das Feuer (le feu : quelques éléments basiques de la nature sont neutres)
- o das Fieber (importé du latin *febris*, ce qui le rend neutre)

o das Futter (tête de catégorie : nourriture pour animaux)
o das Gatter (la porte : même catégorie que *das Tor, das Portal, das Hindernis*)
o das Gitter (grille en fer : les métaux sont neutres)
o das Kloster (du latin claustrum : résidence pour les moines et les nonnes), même catégorie que *das Wohnhaus*
o das Kupfer (les métaux sont neutres)
o das Lager (l'entrepôt/l'espace de rangement/le camp : même catégorie que *das Vorratshaus, das Camp, das Depot*)
o das Leder (le cuir : même catégorie de produits d'animaux que pour la fourrure, *das Fell*)
o das Messer (les métaux et épées sont neutres)
o das Muster (même catégorie que *das Beispiel*)
o das Opfer (pourrait se référer à une chose inanimée, comme une offrande ou un sacrifice ou à une personne : une victime homme ou femme)
o das Pflaster (la chaussée pavée)
o das Poster (les noms importés sont neutres)
o das Pulver (la poudre)
o das Ruder (la barre/le gouvernail/la roue : même catégorie que *das Steuer, das Paddel*)
o das Silber (les métaux sont neutres)
o das Ufer (même catégorie que *das Land*)
o das Wasser (l'eau : les éléments de la nature sont neutres)
o das Wetter (même catégorie neutre que *das Klima*)
o das Wunder (même catégorie neutre que *das Geschehen, das Ereignis, das Staunen)*
o das Zimmer (la chambre : d'origine du verbe *zimmern*, ce qui signifie faire quelque chose en bois, *Zimmermann* = le charpentier ; dans la même catégorie que *das Gemach* (la chambre/la pièce/la demeure), *das Haus, das Bauholz, das Gebäude*)

-el : Dans les cas de terminaison en *-er* (voir plus haut), les terminaisons en *-el* sont aussi associées à des noms masculins. Environ 60 % [34] des noms finissant en *-el* sont masculins

Noms masculins se terminant en *-el* :

- o der Apfel (qui est une exception à la règle stipulant que les fruits sont du genre féminin)
- o der Ärmel (le manche)
- o der Artikel
- o der Beutel
- o der Büffel
- o der Bügel
- o der Dackel (le teckel : même catégorie que le chien)
- o der Deckel (la couverture)
- o der Egel (la sangsue)
- o der Engel
- o der Esel
- o der Flügel
- o der Gipfel
- o der Gürtel
- o der Hagel
- o der Handel
- o der Hebel
- o der Henkel
- o der Himmel
- o der Hügel
- o der Igel (le hérisson)
- o der Jubel
- o der Kegel (la quille/le cône géométrique)
- o der Kessel (la bouilloire/le pot/le chaudron)
- o der Kittel (le tablier/la blouse de travail)
- o der Knöchel (la cheville)
- o der Knödel
- o der Knorpel (le cartilage)
- o der Kübel
- o der Löffel (la cuillère – un ustensile de ménage important qui suit la tendance du genre *-el*)

- o der Mangel
- o der Mantel
- o der Meissel (le ciseau)
- o der Mörtel (le mortier : mélange de ciment et de sable)
- o der Muskel
- o der Nabel
- o der Nagel
- o der Nebel
- o der Pegel
- o der Pickel
- o der Pöbel (la foule/la plèbe)
- o der Pudel
- o der Rüssel (la trompe)
- o der Säbel (le sabre)
- o der Schenkel
- o der Schlüssel
- o der Schnabel
- o der Sessel
- o der Sockel
- o der Stapel
- o der Tempel
- o der Titel
- o der Trubel (la bousculade/l'agitation)
- o der Tümpel (l'étang/la mare)
- o der Tunnel
- o der Vogel
- o der Winkel
- o der Wipfel (le faîte)
- o der Würfel
- o der Zettel
- o der Ziegel (la brique/la tuile)
- o der Zirkel
- o der Zweifel (le doute)

Exceptions : Environ 25 % [35] des noms finissant en *-el* sont féminins

- Les oiseaux (qui ont tendance à être féminins s'il ne sont pas trop grands) : die Amsel (le merle), die Drossel (la grive), die Wachtel (la caille)

- Le produit des plantes est du genre féminin, donc aussi pour certains noms se terminant par -el : die Dattel (la datte) ; die Distel (le chardon), die Eichel (le gland), die Wurzel (la racine)

- Tout comme dans le cas des noms se terminant en -er, quelques parties du corps font exception à la tendance masculine de la terminaison en -el : die Achsel (l'aisselle)

- Certains aliments et ustensiles de cuisine : die Muschel (fruits de mer : la palourde, du 9ème siècle muscula), die Nudel ; die Gabel, cet important ustensile de ménage, la fourchette, est féminin (voir l'explication dans l'introduction), ainsi que d'autres instruments/ustensiles ménagers : die Nadel, die Kordel (la corde), die Kurbel (la manivelle), die Tafel (le tableau noir ou une table aménagée, par exemple le dessus de la table)

- die Angel (la canne à pêche)

- Les phrases, règles et histoires sont le plus souvent du genre féminin : die Bibel, die Regel, die Klausel (la cause/la condition/la stipulation), die Fabel, die Floskel (une phrase vide de sens)

- Les objets brillants ou donnant de la lumière : die Ampel (les feux de circulation, comme *die Lampe*), die Fackel (la torche, du 8ème siècle, *fackala*)

- die Insel (l'île, du latin *insula* avec une terminaison féminine en -*a*)

- die Klientel (la clientèle, du latin *clientela* avec une terminaison féminine en -*a*)

- die Kugel (qui avait au temps du Moyen-Age une terminaison féminine en -*e*), die Gondel (de l'italien *gondola*, avec un -*a* donc en général féminin), die Kapsel (du latin *capsula*), die Orgel (du latin *organa*), die Formel (du latin *formula*), die Geisel (l'otage, masculin ou féminin)

Exceptions : Environ 15 % des noms finissant en -*el* sont neutres

- o das Debakel (mot français importé, donc neutre ; même catégorie que *das Fiasko, das Desaster*)
- o das Ferkel (le porcelet, les diminutifs étant neutres)
- o das Hotel (même catégorie que *das Gasthaus* ; les noms des hôtels sont neutres)
- o das Kabel (même catégorie que *das Seil* : la corde/le câble)
- o das Kapitel (la partie de *das Buch*, d'origine latine : *capitulum*, un nom neutre en latin et neutre quand il est importé en allemand)
- o das Mittel (le moyen : lié à *das Geld, das Kapital*)
- o das Nickel (les métaux sont neutres)
- o das Orakel (peut se référer à une personne de sexe masculin ou féminin, ou également à une chose ; du latin neutre : *oraculum*, ce qui le rendre neutre puisqu'il est importé en allemand)
- o das Paddel (mot importé : même catégorie neutre que *das Ruder*)
- o das Pendel (du latin *pendulum*)
- o das Rätsel (même catégorie neutre que *das Geheimnis, das Mysterium, das Phänomen, das Wunder*)
- o das Rudel (le troupeau/l'essaim/la horde : les collectifs sont en général neutres, particulièrement quand ils commencent avec *Ge*-)
- o das Segel (la voile : de *das Tuchstück*)

o das Übel (le mal : même catégorie neutre que *das Böse, das Leid*)
o das Wiesel (petit animal : la belette)

-eur : (mais pas *-ur*[36])

o der Akteur
o der Amateur
o der Charmeur
o der Chauffeur
o der Dekorateur
o der Deserteur
o der Dompteur
o der Dresseur
o der Exporteur
o der Filmregisseur
o der Flaneur
o der Friseur
o der Gouverneur
o der Graveur
o der Hasardeur
o der Importeur
o der Ingenieur
o der Innendekorateur
o der Inspekteur
o der Installateur
o der Instrukteur
o der Jongleur
o der Kollaborateur
o der Kolporteur
o der Kommandeur
o der Konstrukteur
o der Kontrolleur
o der Marodeur
o der Masseur
o der Monteur
o der Operateur
o der Parfümeur

- o der Profiteur
- o der Provokateur
- o der Redakteur
- o der Regisseur
- o der Saboteur
- o der Schwadroneur
- o der Souffleur
- o der Spediteur
- o der Transporteur
- o der Voyeur

Exception : das Interieur (une chose inanimée, au contraire d'une profession, d'un rôle ou d'une activité)

-ich : Les noms se terminant en *-ich* sont masculins dans 81 % des cas[37]

- o der Anstrich
- o der Ausgleich
- o der Bereich
- o der Deich (la digue)
- o der Fittich (poétique : les ailes d'un oiseau ; même catégorie que *der Flügel*)
- o der Teich
- o der Streich
- o der Teppich
- o der Strich
- o der Vergleich
- o der Wüterich (quelqu'un qui se fâche facilement)

-ig : der Honig, der Käfig, der Teig, der Pfennig

-iker : (masculin dans 100 % des cas)

- o der Agnostiker
- o der Akademiker
- o der Alkoholiker
- o der Analytiker

- der Aphoristiker
- der Apokalyptiker
- der Arithmetiker
- der Asthmatiker
- der Astrophysiker
- der Automechaniker
- der Bautechniker
- der Biochemiker
- der Botaniker
- der Chemiker
- der Computertechniker
- der Diabetiker
- der Dogmatiker
- der Dramatiker
- der Egozentriker
- der Elektriker
- der Elektroniker
- der Elektrotechniker
- der Epiker
- der Epileptiker
- der Esoteriker
- der Ethiker
- der Exzentriker
- der Fanatiker
- der Genetiker
- der Grafiker/Graphiker
- der Häretiker
- der Heilpraktiker
- der Historiker
- der Hysteriker
- der Informatiker
- der Ironiker
- der Keramiker
- der Kernphysiker
- der Klassiker
- der Kleriker
- der Komiker
- der Kosmetiker

- der Kritiker
- der Kybernetiker
- der Logiker
- der Lyriker
- der Marketingpraktiker
- der Mathematiker
- der Mechaniker
- der Mimiker
- der Musiker
- der Mystiker
- der Neurotiker
- der Optiker
- der Philharmoniker
- der Physiker
- der Polemiker
- der Politiker
- der Pragmatiker
- der Praktiker
- der Prognostiker
- der Psychoanalytiker
- der Psychotiker
- der Rhetoriker
- der Romantiker
- der Sanguiniker
- der Satiriker
- der Skeptiker
- der Statiker
- der Statistiker
- der Stoiker
- der Taktiker
- der Techniker
- der Theoretiker
- der Verschwörungstheoretiker
- der Zahntechniker
- der Zyniker

-ismus : (masculin dans 100 % des cas)

- o der Absolutismus
- o der Abstimmungsmechanismus
- o der Aktionismus
- o der Aktivismus
- o der Alkoholismus
- o der Alpinismus
- o der Altruismus
- o der Anachronismus
- o der Analphabetismus
- o der Anarchismus
- o der Anglizismus
- o der Antagonismus
- o der Antifaschismus
- o der Antikonformismus
- o der Antisemitismus
- o der Aphorismus
- o der Arabismus
- o der Archaismus
- o der Atavismus
- o der Atheismus
- o der Autismus
- o der Automatismus
- o der Behaviorismus
- o der Bilingualismus
- o der Bioterrorismus
- o der Buddhismus
- o der Calvinismus
- o der Chauvinismus
- o der Dadaismus
- o der Darwinismus
- o der Defätismus
- o der Deismus
- o der Despotismus
- o der Determinismus
- o der Dogmatismus
- o der Druckmechanismus

- der Egalitarismus
- der Egoismus
- der Egozentrismus
- der Elektromagnetismus
- der Eskapismus
- der Euphemismus
- der Evolutionismus
- der Exhibitionismus
- der Existentialismus
- der Exorzismus
- der Expressionismus
- der Extremismus
- der Fanatismus
- der Faschismus
- der Fatalismus
- der Feminismus
- der Fetischismus
- der Feudalismus
- der Finanzkapitalismus
- der Föderalismus
- der Fundamentalismus
- der Funktionalismus
- der Futurismus
- der Germanismus
- der Gigantismus
- der Hedonismus
- der Hellenismus
- der Hinduismus
- der Humanismus
- der Idealismus
- der Imperialismus
- der Impressionismus
- der Individualismus
- der Intellektualismus
- der Internationalismus
- der Irrationalismus
- der Islamismus
- der Isolationismus

- o der Journalismus
- o der Judaismus
- o der Kalvinismus
- o der Kannibalismus
- o der Kapitalismus
- o der Katechismus
- o der Katholizismus
- o der Klassizismus
- o der Kollektivismus
- o der Kolonialismus
- o der Kommunismus
- o der Konformismus
- o der Konfuzianismus
- o der Konservatismus
- o der Konsultationsmechanismus
- o der Kreationismus
- o der Kubismus
- o der Kulturimperialismus
- o der Laizismus
- o der Leninismus
- o der Liberalismus
- o der Linksextremismus
- o der Lobbyismus
- o der Magnetismus
- o der Maoismus
- o der Marxismus
- o der Marxismus-Leninismus
- o der Masochismus
- o der Massentourismus
- o der Materialismus
- o der Mechanismus
- o der Metabolismus
- o der Mikroorganismus
- o der Militarismus
- o der Minimalismus
- o der Modernismus
- o der Monotheismus
- o der Moralismus

o der Multikulturalismus
o der Nationalismus
o der Nationalsozialismus
o der Naturalismus
o der Nazismus
o der Neoliberalismus
o der Neologismus
o der Neomarxismus
o der Nepotismus
o der Neuklassizismus
o der Nihilismus
o der Nonkonformismus
o der Nudismus
o der Ökotourismus
o der Opportunismus
o der Optimismus
o der Organismus
o der Paganismus
o der Parallelismus
o der Parlamentarismus
o der Paternalismus
o der Patriotismus
o der Pazifismus
o der Perfektionismus
o der Pessimismus
o der Platonismus
o der Pluralismus
o der Populismus
o der Pragmatismus
o der Professionalismus
o der Protektionismus
o der Protestantismus
o der Puritanismus
o der Radikalismus
o der Rassismus
o der Rationalismus
o der Realismus
o der Rechtsextremismus

- o der Rechtsradikalismus
- o der Republikanismus
- o der Revanchismus
- o der Revisionismus
- o der Sadismus
- o der Schutzmechanismus
- o der Separatismus
- o der Sexismus
- o der Sicherungsmechanismus
- o der Skeptizismus
- o der Snobismus
- o der Sozialismus
- o der Subjektivismus
- o der Surrealismus
- o der Syllogismus
- o der Syndikalismus
- o der Terrorismus
- o der Thatcherismus
- o der Tourismus
- o der Tribalismus
- o der Utilitarismus
- o der Utopismus
- o der Vandalismus
- o der Veganismus
- o der Vegetarismus
- o der Voyeurismus
- o der Vulgarismus
- o der Zionismus
- o der Zündungsmechanismus
- o der Zynismus

Kn- :

- o der Knabe
- o der Knacker
- o der Knall
- o der Knebel
- o der Kniff
- o der Knopf

- o der Knüppel
- o der Knoblauch
- o der Knochen

Plus il y a de consonnes au début ou à la fin du nom, plus la probabilité est grande qu'il s'agisse d'un nom masculin[38].
Exception : das Knie

-ling : Les noms se terminant en *-ling* (mais pas nécessairement en *-ing* [39]) sont masculins

- o der Abkömmling (la descendance/la progéniture)
- o der Ankömmling (le nouveau-né)
- o der Dichterling (le mauvais poète)
- o der Drilling (la personne : le triplé)
- o der Eindringling (l'intrus)
- o der Erdling (le terrien)
- o der Flüchtling (le réfugié)
- o der Frühling (le printemps)
- o der Lehrling (l'étudiant/l'apprenti)
- o der Liebling
- o der Säugling (le nourrisson)
- o der Schmetterling (le papillon)
- o der Schützling (le protégé)
- o der Schwächling (le gringalet)
- o der Zwilling (le jumeau)

-mpf :
- o der Dampf
- o der Stumpf
- o der Sumpf (le marais)
- o der Strumpf
- o der Kampf
- o der Krampf
- o der Rumpf
- o der Trumpf

-ner : der Kenner (le connaisseur), der Ordner (le dossier/le fichier)

Exceptions : das Banner (les noms étrangers importés sont neutres), die Wiener (quand il est utilisé en tant que référence à *die Wiener Wurst*)

-og :
- o der Blog (aussi das Blog)
- o der Dialog
- o der Herzog
- o der Katalog
- o der Monolog
- o der Smog
- o der Sog (le sillage comme dans « le sillage de l'avion, du navire ou de la crise »)
- o der Trog (le plateau/l'auge/la gamelle/le baril)

-on : der Marathon, der Thron

-pf : Les noms qui se finissent avec *-pf* mais qui ne commencent pas avec *Ge-* sont souvent masculins ; der Kopf, der Zopf, der Napf, der Knopf, der Kropf, der Pfropf, der Schopf (une touffe de cheveux), der Topf, der Gugelhopf, der Unterschlupf (le refuge, la cachette)

Schwa- : der Schwabe, der Schwachsinn, der Schwall, der Schwamm, der Schwan, der Schwank, der Schwanz. Exception : die Schwalbe – l'hirondelle, un oiseau, qui a également la terminaison féminine en *-e*

-tel : voir le commentaire ci-dessus pour *-el*

-u : se terminant par un *-u* inaccentué

- o der Akku (l'abréviation de *der Akkumulator*, la batterie)
- o der Bau

- o der Guru
- o der Klau
- o der Pneu (même catégorie masculine que *der Reifen*)
- o der Stau
- o der Tofu
- o der Uhu (sorte de hibou ; les grands oiseaux ont tendance à être masculins)

Les noms se terminant avec un *-u* accentué ne sont pas masculins (les exemples suivants sont tous des noms importés donc neutres) :

- o das Adieu
- o das Plateau
- o das Tabu
- o das Tiramisu

-uch : Les noms se terminant en *-uch* sont masculins ou neutres

- o der Abbruch
- o der Besuch
- o der Bruch
- o der Einbruch
- o der Einspruch
- o der Eunuch
- o der Fluch
- o der Geruch/der Ruch
- o der Spruch
- o der Umbruch
- o der Unterbruch
- o der Versuch
- o der Zuspruch

Exemples neutres :

- o das Buch
- o das Tuch

o das Gesuch (la requête/la pétition/le plaidoyer ; les documents ont tendance à être neutres : *das Schreiben, das Wort, das Papier, das Blatt, das Dokument, das Buch*)

-ug : der Flug, der Abflug, der Ausflug, der Zug, der Anzug, der Einzug, der Umzug, der Unfug

-und : der Bund, der Grund, der Schund (le déchet/la saleté), der Hund, der Fund, der Schwund (la diminution/le déclin), der Schlund (le pharynx), der Mund
Exception neutre : das Pfund

-us :

o der Abakus
o der Airbus
o der Bonus
o der Bus
o der Campus
o der Diskus
o der Exodus
o der Fiskus
o der Fokus
o der Kaktus
o der Malus
o der Modus
o der Nexus
o der Radius
o der Status
o der Tetanus
o der Typhus
o der Typus
o der Zirkus
o der Zyklus

Exceptions neutres :

o das Genus (genre grammatical)

- o das Haus
- o das Minus
- o das Opus
- o das Plus
- o das Virus (dans l'utilisation technique et scientifique, la préférence est pour *das Virus*, mais dans le langage courant *der* est parfois également utilisé)

Exceptions féminines :

- o die Maus (les petits animaux sont en général féminins)
- o die Venus (les deux, la déesse romaine de l'amour ainsi que la planète)

Les sons se rapportent également à la durée des mots. Des études ont montré que les mots courts d'une syllabe sont dans une très grande majorité masculins, puis neutres ou féminins[40].

Les noms à une syllabe qui sont masculins (notez la fréquence des consonnes, au début et à la fin des noms) :

- o der Arm
- o der Darm
- o der Gott
- o der Spott
- o der Schrott
- o der Fuss
- o der Fluss
- o der Guss
- o der Kuss
- o der Schluss
- o der Schuss
- o der Schein
- o der Stein
- o der Wein
- o der Brei
- o der Schrei
- o der Klatsch

- o der Tratsch
- o der Druck
- o der Ruck
- o der Schluck
- o der Schmuck
- o der Schwanz
- o der Kranz
- o der Zins
- o der Mix
- o der Tee
- o der Chip
- o der Clip
- o der Trip

Les noms d'une syllabe commençant par *Kn-* sont masculins, spécialement s'ils se terminent par une consonne :

- o der Knack
- o der Knall
- o der Knast
- o der Knauf
- o der Knecht
- o der Knick
- o der Kniff
- o der Knopf

Exception : das Knie

Les noms d'une syllabe se terminant par *-t* sont masculins :

- der Staat

à partir duquel sont formés de nombreux noms composés :

- o der Agrarstaat
- o der Bundesstaat
- o der Dienstleistungsstaat
- o der Einheitsstaat

- o der Feudalstaat
- o der Golfstaat
- o der Industriestaat
- o der Inselstaat
- o der Kirchenstaat
- o der Kleinstaat
- o der Küstenstaat
- o der Mitgliedsstaat
- o der Nachbarstaat
- o der Nationalstaat
- o der Ölstaat
- o der Oststaat
- o der Polizeistaat
- o der Rechtsstaat
- o der Satellitenstaat
- o der Schurkenstaat
- o der Sozialstaat
- o der Stadtstaat
- o der Vasallenstaat
- o der Wohlfahrtsstaat

- der Markt

à partir duquel sont formés de nombreux noms composés fréquemment utilisés :

- o der Aktienmarkt
- o der Agrarmarkt
- o der Binnenmarkt
- o der Kreditmarkt
- o der Devisenmarkt

- der Saft

et tous les types de jus imaginables :

- o der Apfelsaft, der Fruchtsaft, der Hustensaft, der Orangensaft, der Tomatensaft, der Traubensaft, der Zitronensaft

- der Wert

et un grand nombre de noms composés, spécialement utilisés dans le langage technique, quand les choses sont mesurées :

- o der Anfangswert
- o der Anlagewert
- o der Anpassungswert
- o der Bauwert
- o der Bodenwert
- o der Bruttowert
- o der Buchungswert
- o der Buchwert
- o der Defaultwert
- o der Depotwert
- o der Dezimalwert
- o der Durchschnittswert
- o der Emissionswert
- o der Endwert
- o der Erfahrungswert
- o der Ertragswert
- o der Extremwert
- o der Gegenwert
- o der Geldwert
- o der Gesamtwert
- o der Grenzwert
- o der Grundwert
- o der Handelswert
- o der Höchstwert
- o der Indexwert
- o der Kalorienwert
- o der Kapitalwert
- o der Kaufwert
- o der Kennwert

- o der Kurswert
- o der Marktwert
- o der Maximalwert
- o der Mehrwert
- o der Mietwert
- o der Mindestwert
- o der Mittelwert
- o der Nettowert
- o der Nominalwert
- o der Realwert
- o der Restwert
- o der Seltenheitswert
- o der Sollwert
- o der Standardwert
- o der Toleranzwert
- o der Umrechnungswert
- o der Wiederverkaufswert

- der Test (et plusieurs mots composés : par exemple der Abgastest, der Backtest, der Dopingtest)

- der Draht (le fil, et les noms composés comme *der Stacheldraht*, le fil barbelé)

- der Bart, der Start, der Wart (personne responsable de quelque chose, dont est dérivé de *der Abwart*), mais *die Gegenwart*, parce que c'est le synonyme de *die Jetztzeit, die Präsenz*

- Der Hut

- Les mots d'une syllabe unique finissant par *-d* ont tendance à être masculins :

  - o der Brand, der Bund, der Feind, der Fjord, der Fund, der Held, der Herd, der Fond, der Grad, der Hund, der Mond, der Mund, der Neid, der Pfad, der Rand, der

Sand, der Stand, der Sold, der Tod, der Trend, der Wind

o Les exceptions neutres et féminines peuvent généralement être expliquées par la Règle 1 (catégories)

o Mots d'une syllabe neutres finissant par *-d* : das Bad, das Bild, das Glied, das Kleid, das Gold (les métaux sont neutres), das Hemd, das Jod (les substances chimiques sont neutres), das Kind (les diminutifs sont neutres), das Land, das Leid, das Lied, das Rad, das Pferd, das Rind, das Pfund (les unités de poids sont neutres), das Feld, das Wild

o D'autre mots monosyllabiques qui sont neutres : das Bein (la jambe), das Blut (le sang), das Buch, das Fels, das Floss, das Gut (comme dans *das Kulturgut*), das Haar (le cheveu), das Heim, das Herz (le cœur), das Ja, das Nein, das Jein (une réponse entre le oui et le non), das Kinn (le menton), das Knie (le genou), das Ohr (l'oreille), das Ross, das Schloss, das Sein, das Tuch, das Zelt

o Mots monosyllabiques féminins finissant en *-d* : die Hand, die Jagd (l'origine féminine de la chasse est expliquée dans l'introduction), die Magd, die Wand (les formes plates sont féminines)

o D'autre mots monosyllabiques qui sont féminins : die Kur, die Uhr, die Nuss

• Les mots sans suffixes dérivés d'un verbe sont de prédominance masculine :

o fallen → der Fall
o fangen → der Fang
o fluchen → der Fluch

- o gehen → der Gang
- o hängen → der Hang
- o klingen → der Klang
- o küssen → der Kuss
- o sprechen → der Spruch
- o zwingen → der Zwang
- o de temps en temps aussi neutres : Spielen → das Spiel ; zelten → das Zelt ; et moins souvent féminine : fliehen → die Flucht ; wählen → die Wahl

-x :

Masculins : der Index, der Aktienindex, der DAX (l'indice boursier allemand), der Bordeaux, der Komplex, der Kodex, der Reflex, der Sex

Féminins : die Box (bien qu'il ait été importé de l'anglais, ce qui aurait tendance à le rendre neutre, *Box* est féminin, parce qu'il est dans la même catégorie que *die Büchse*, un récipient) ; die Mailbox, die Crux, die Matrix

Neutres : das Paradox (importé du grec, donc tendance à être neutre), das Präfix, das Suffix (les termes grammaticaux sont neutres)

Die : Les règles qui rendent les noms féminins

Règle 1 : Les catégories

Les nombres et les mathématiques : die Nummer, die Ziffer, die Zahl, die Null, die Eins, die Drei, die Algebra, die Mathematik, die Geometrie, die Rechnung, die Steuer (l'impôt)

Le temps, spécialement les délais courts : die Zeit, die Uhr, die Stunde, die Minute, die Sekunde ; les périodes de temps plus longues sont neutres : das Jahr, das Jahrzehnt (la décennie), das Jahrhundert (le siècle), das Jahrtausend (le millénaire), les périodes intermédiaires sont masculines : der Tag, der Monat. Les exceptions se produisent quand le nom se termine en *-e*, marque du féminin : die Woche, die Dekade, die Epoche

L'autorité, le pouvoir et la gouvernance: die Kraft (la force), die Macht (le pouvoir), die Power, die Leistung, die Energie, die Stärke, die Festigkeit, die Belastbarkeit, die Gewalt (la force/la violence), die Befugnis (l'autorisation), die Wucht (l'impact/la force/l'élan), die Potenz, die Mächtigkeit, die Herrschaft (la règle/la domination), die Vollmacht (la procuration), die Behörde, die Autorität, die Regierung, die Kontrolle (la surveillance/le contrôle/la supervision), die Steuerung (la gestion/la gouvernance), die Steuer (l'impôt), die Zahlung (le paiement/le règlement)

Les règles, permissions et limites : die Regelung (la réglementation/l'arrangement), die Justiz, die Erlaubnis, die Frist, die Limitierung, die Grenze, die Begrenzung, die Beschränkung

La connaissance et la sagesse : La sagesse est un nom féminin en grec (sophia) et en latin (sapientia), et est traité comme un concept féminin en anglais dans la bible. Ce n'est peut-être pas étonnant que la connaissance et la sagesse soient aussi féminines en allemand : die Art, die Besonnenheit, die Bildung, die Einsicht, die Gerechtigkeit, die Intelligenz, die Justiz, die Kenntnis, die Klugheit, die Kunst, die Methode, die Methodik, die Philosophie, die Ratio, die Sorgfalt, die Technik, die Technologie, die Umsicht, die Vorausschau, die Voraussicht, die Vorsicht, die Vernunft, die Weise, die Weisheit, die Weitsicht

La communication : die Kommunikation, die Rede, die Frage, die Antwort[41], die Replik, die Sprache, die Prosa, die Dichtung, die Sprachform, die Literatur, die Vorstellung, die Präsentation, die Metapher, die Übertragung, die Wiedergabe, die Erwiderung, die Entgegnung, die Besprechung, die Kritik, die Rezension, die Darstellung, die Moderation, die Vorführung, die Fabel, die Floskel (phrase vide de sens). Des exceptions peuvent être expliquées par la Règle 2. Les noms débutant avec *Ge-* sont neutres, par conséquent, *das Gespräch, das Gerede* ; les noms se terminant avec *-og* ont tendance à être masculins, comme *der Dialog*

Les instruments de musique : die Musik, die Orgel, die Flöte, die Harfe, die Mundharmonika, die Geige, die Violine, die Konzertina, die Gitarre, die Glocke, die Mandoline, die Oboe, die Trompete[42]

Les formes[43] **:** die Form, die Gestalt (la forme/la figure), die Gestaltung (le design/la disposition/la composition)

- **Les formes plates :**

  o die Ablage (le plateau/l'étagère/la grille)
  o die Bildfläche (l'écran/l'image/la surface)
  o die Bohle (la planche)
  o die Bramme (la dalle)

- o die Decke (le plafond)
- o die Ebene (le niveau/l'étage/la plaine)
- o die Fläche (la superficie/la surface)
- o die Flanke (le bord/le flanc/le côté)
- o die Fliese (la dalle/la tuile)
- o die Kulisse (la coulisse)
- o die Platte (la tuile/l'assiette/le panneau/la planche/la dalle/le rebord)
- o die Schale (le plateau)
- o die Scheibe (la tranche)
- o die Schublade (le tiroir)
- o die Seite
- o die Tafel (le tableau noir)
- o die Theke (le comptoir/le comptoir de bar)
- o die Tischplatte (le plateau de table/la surface de la table)
- o die Tragfläche (l'aile d'un avion)
- o die Tür
- o die Wand (le mur/la paroi), die Mauer (le mur)

- **Les formes aigues :**

- o die Brosche (la broche/le pin)
- o die Forke (la fourche)
- o die Gabel (la fourchette)
- o die Klinge, die Schneide (la lame/le bord coupant)
- o die Lanze (la lance)
- o die Nadel (l'aiguille)
- o die Schraube (la vis)
- o die Spitze (le sommet/le point/la pointe)
- o die Spritze (la seringue)
- o die Zinke (la dent)

- **Les formes de pinces :**

- o die Klaue (la serre)
- o die Kralle (la griffe)

- o die Pratze (la dent)
- o die Schere (les ciseaux)
- o die Zange (la pince)

- **Les formes creuses :**

  - o die Box
  - o die Büchse (la boîte/la cannette)
  - o die Dose (la cannette)
  - o die Flasche
  - o die Grotte
  - o die Höhle (la grotte)
  - o die Hülle (la coquille)
  - o die Kiste (la caisse)
  - o die Röhre
  - o die Schachtel (la boîte)
  - o die Schlucht (la gorge/le canyon/le ravin)
  - o die Schüssel (le bol)
  - o die Trommel (le tambour/le cylindre/le baril)
  - o die Tube

La plupart des rivières en Europe centrale : die Aare, die Limmat, die Reuss, die Rhone, die Donau, die Mosel, die Elbe, die Weser, die Oder (exceptions : der Rhein, der Main) ainsi que les rivières en dehors de l'Europe se terminant en *-a* ou *-e*

La chasse : Cela doit être féminin car les Grecs et les Romains ont chacun eu une déesse de la chasse, Artemis et Diana : die Jagd, die Suche, die Verfolgung, die Hetze, die Flucht, die Wildnis

La nourriture et subsistence : die Nahrung (la nourriture/la nutrition/le régime), die Speise (la nourriture/le plat/le repas), die Kost ; la nourriture fournie par les mammifères femelles : le lait, le lait maternel

Les gestes : die Geste, die Gestik, die Gebärde, die Bewegung, die Attitüde, die Körpersprache, die Haltung, die Positur, die Stellung, die Pose

Les signaux de navigation, la navigation et la voile : die Bake (la balise), die Boje (la bouée), die Tonne (la bouée), die Marine, die Handelsmarine, die Kriegsmarine, die Flotte, die Navy, die Jacht/die Yacht

Les températures : die Temperaturen

- o La chaleur et les endroits chauds : die Sonne, die Glut (la braise/la lueur/la chaleur), die Wärme, die Hitze, die Wüste, die Sahara, die Hölle, die Heizung, die Wärmesenke (le dissipateur de chaleur)

- o Le froid et les endroits froids : die Kälte, die Frostigkeit, die Erkältung, die Arktis, die Antarktis, die Kühle

Les marques de motos : die BMW (seulement la moto, pas la voiture), die Yamaha

Les types d'avion : die Boeing 747, die Challenger, die Tupolew ; mais *der Airbus* parce que *der Bus*

Les noms de navires (même dans les cas où le nom serait autrement masculin) : die Bismarck, die Titanic, et même si le terme générique est neutre (das Schiff, das Boot). La catégorie féminine est le nom du navire

Les animaux avec la terminaison féminine en -*e* (die Schildkröte, die Giraffe, mais pas toujours) ou -*in* (die Löwin). Les animaux domestiques donnant du lait (die Kuh, die Geiss, die Ziege) ou des œufs (die Gans, die Henne), ceux plus petits (par exemple die Maus) et ne se terminent pas en -*er* (ce qui est plus typique pour les noms masculins)

Nombreux types d'oiseaux sont féminins (spécialement les petits) : die Amsel (le merle), die Drossel (la grive), die Ente (le canard), die Elster (la pie), die Eule (le hibou), die Gans (l'oie), die Krähe (le corbeau), die Möwe (la mouette), die Nachtigall (le rossignol), die Schwalbe (l'hirondelle), die Taube (la colombe), die Wachtel (la caille). Quelques exceptions : der Adler (l'aigle), der Falke (le faucon), der Papagei (le perroquet)

Plusieurs sortes d'insectes sont féminins (spécialement si leur terminaison est le -e féminin) : die Ameise, die Biene, die Fliege, die Grille, die Libelle, die Mücke, die Spinne, die Wespe, die Zecke, die Zikade ; il y a aussi un grand groupe d'insectes qui ont des terminaisons associées à des noms masculins comme par exemple der Floh, der Käfer

Beaucoup d'arbres sont féminins : die Buche (le hêtre), die Eiche (le chêne), die Birke, die Kiefer, die Palme, die Pappel (le peuplier), die Tanne. Quelques exceptions : der Ahorn (l'érable), der Farn (la fougère), der Wacholder (le génévrier)

Les fleurs (spécialement si leur terminaison est le -e féminin) : die Rose, die Tulpe, die Nelke (l'œillet), die Mimose, die Chrysantheme, avec de nombreuses exceptions, surtout si leur terminaison est -en utilisée pour les diminutifs associés aux noms neutres : das Stiefmütterchen (la pensée), das Veilchen (la violette)

Les fruits : die Ananas, die Apfelsine, die Aprikose, die Banane, die Birne, die Erdbeere, die Dattel, die Feige, die Guave, die Grapefruit, die Kiwi, die Kirsche, die Kokosnuss, die Kumquat, die Litschi, die Mandel, die Mango, die Melone, die Nuss, die Orange, die Pflaume, die Quitte, die Zitrone (exceptions : der Apfel, der Granatapfel, der Pfirsich – les trois derniers suivent la règle des sons : les noms se terminant en -el sont en grande majorité masculins ; et les noms commençant et finissant par plusieurs consonnes sont masculins, comme par exemple *Pfirsich*

Les pâtes dentifrices et leurs marques : die Zahnpasta, die Colgate

Les caractères d'imprimerie : die Helvetica

Les logiciels : die Software (synonyme de *die Programmausstattung*), die Malware, die Ransomware (*die Erpressersoftware*), die Applikation (qui pourrait vous donner l'abréviation *die App*, ou si vous pensez au mot App qui se réfère à *das Programm*, alors vous pouvez lui attribuer un genre neutre – les deux genres sont acceptés pour *App*)

Les noms indiquant les personnes et les fonctions féminines sont habituellement féminins : die Mutter, die Tochter, die Frau, die Schwester, mais pas toujours. Exceptions : das Mädchen (à cause de la Règle 2 : les diminutifs sont neutres). Pour rendre une désignation explicitement féminine, on utilise généralement la terminaison *-in* : die Lehrerin, die Kaiserin, die Königin, die Ärztin

Règle 2 : Les sons

En allemand, comme en grec et en latin, les mots se terminant en *-a* et *-e* ont une grande chance d'être féminins

-a : Les noms finissant en *-a* ont tendance à être féminins, particulièrement si leurs racines sont des noms grecs ou latins qui se terminent en *-a*, mais ce n'est pas toujours le cas (voir ci-dessous) : die Ära, die Agenda, die Algebra, die Angina, die Aorta, die Arena, die Aula, die Diva, die Fauna, die Flora, die Gala, die Kamera, die Lava, die Lira, die Mama, die Malaria, die Pasta, die Paella, die Peseta, die Pizza, die Quinoa, die Sauna, die Siesta, die Villa, die Viola

Exceptions : les noms d'origine grecque et se terminant en *-ma*

- o das Aroma
- o das Asthma

- o das Charisma
- o das Drama
- o das Dilemma
- o das Dogma
- o das Klima
- o das Komma
- o das Magma
- o das Plasma
- o das Schema
- o das Schisma
- o das Sperma
- o das Stigma
- o das Thema
- o das Trauma

Mais *die Firma* (parce qu'il ne s'agit pas d'une origine grecque mais d'un synonyme de *die Gesellschaft*)

-acht : die Acht, die Fracht, die Macht, die Pracht, die Jacht/Yacht, die Pacht, die Tracht, die Wacht (l'observation), die Zwietracht (la discorde), die Eintracht (l'harmonie) ; mais par contre *der* Verdacht (le soupçon)

-ade : die Arkade, die Akkolade, die Ballade, die Barrikade, die Brigade, die Blockade, die Marmelade, die Fassade, die Dekade, die Eskapade, die Parade, die Gnade, die Gerade, die Kaskade, die Schublade, die Limonade, die Marinade, die Passage, die Schokolade, die Olympiade, die Promenade, die Roulade, die Serenade, die Tirade

-age : die Garage, die Montage, die Etage, die Spionage, die Persiflage, die Blamage

-anz : die Bausubstanz, die Bilanz, die Brillanz, die Diskrepanz, die Dominanz, die Eleganz, die Instanz, die Toleranz (mais *der Kranz* parce que les noms monosyllabiques sont masculins)

-art: Quelques noms dérivés de *die Art* : die Eigenart, die Gangart, die Sportart, die Tonart

-e : Les noms se terminant en *-e* sont féminins dans environ 90 % des cas[44]. Les noms se terminant en *-e* sont habituellement féminins s'ils ne désignent pas une personne masculine (par exemple der Junge) et s'ils ne commencent pas par la syllabe non-accentuée *Ge-* (par exemple der Gedanke). D'autres exceptions sont présentées ci-dessous. Les noms avec un suffixe dérivé *-e* sont toujours féminins : reden → die Rede, flach → die Fläche. Notez également que l'addition d'un *-e* à la fin du nom signifie qu'il est prononcé, ce qui indique automatiquement que même des mots courts se terminant par un *-e* ont plus d'une syllabe. Cela expliquerait pourquoi les mots à une syllable sont moins susceptibles d'être féminins ; statistiquement, ils ont plus de probabilité d'être masculins.

Exemples de noms féminins se terminant en *-e* :

die Adresse, die Ameise, die Analyse, die Banane, die Beute, die Biene, die Bitte, die Blume, die Bremse, die Brücke, die Decke, die Diagnose, die Ebbe, die Ecke, die Ehe, die Erde, die Fahne, die Falle, die Farbe, die Flagge, die Fliege, die Flöte, die Frage, die Freude, die Gasse, die Giraffe, die Gitarre, die Grenze, die Hose, die Jacke, die Kanne, die Kante, die Kappe, die Karte, die Kirsche, die Klasse, die Kleie (le son), die Krabbe, die Kreide, die Krise, die Krücke, die Lampe, die Liebe, die Lippe, die Liste, die Lücke, die Lüge, die Lunge, die Masse, die Matte, die Melone, die Messe, die Minute, die Motte, die Narbe, die Nase, die Nonne, die Oase, die Oboe, die Pause, die Pfanne, die Pflanze, die Pflaume, die Presse, die Rasse, die Ratte, die Reise, die Rolle, die Sache, die Schlange, die Schnecke, die Schokolade, die Schule, die Seele, die Seite, die Sekunde, die Socke, die Sonne, die Sorge, die Spange, die Speise, die Spinne, die Sprache, die Strasse, die Strecke, die Stunde, die Suche, die Summe, die Suppe, die Taille, die Tanne, die Tasse, die Toilette, die Tomate, die Tonne, die Treue, die Trompete, die Vase, die Violine, die Waffe, die Wange, die

Wespe, die Wiese, die Wonne (la béatitude), die Zange, die Zecke, die Zelle, die Zinswende, die Zunge

Exceptions : Moins de 10 % seulement des noms finissant en *-e* sont masculins[45]. Puisqu'une terminaison en *-e* n'est pas typiquement masculine, certains noms sont appelés « noms faibles » (« schwache Nomen »). On désigne aussi une partie de ce groupe par « die N-Deklination » parce que ces noms ont un « n » supplémentaire à l'accusatif, au datif et au génitif singulier.

Exemples de noms masculins se terminant en *-e* :

- o der Buchstabe
- o der Friede
- o der Funke
- o der Gedanke
- o der Junge
- o der Name
- o der Same
- o der Wille

Quelques nationalités se terminant en *-e* sont masculines :

der Afghane, der Baske, der Brite, der Bulgare, der Chinese, der Däne, der Franzose, der Grieche, der Ire, der Kroate, der Kurde, der Mongole, der Pole, der Russe, der Schotte, der Türke

Quelques noms décrivant des personnes/fonctions avec une terminaison en *-e* sont masculins :

- o der Angsthase
- o der Bote
- o der Bube
- o der Bursche
- o der Erbe (l'héritier ; l'héritage = *das Erbe*)
- o der Experte
- o der Gatte

- o der Gefährte (le compagnon)
- o der Heide
- o der Insasse
- o der Junge
- o der Junggeselle
- o der Knabe
- o der Kollege
- o der Kommilitone (le camarade)
- o der Komplize
- o der Kunde
- o der Laie
- o der Neffe
- o der Riese
- o der Sklave
- o der Zeuge

Quelques noms d'animaux ayant une terminaison en -e sont masculins :

- o der Affe
- o der Bulle
- o der Drache
- o der Falke
- o der Hase
- o der Löwe
- o der Ochse
- o der Rabe
- o der Schimpanse
- o der Welpe (le chiot – une exception inhabituelle à la règle selon laquelle les choses plus petites ont tendance à être neutres)

Quelques professions finissant en -e sont masculines :

der Biologe, der Gynäkologe, der Pädagoge, der Soziologe, der Stratege (le stratège)

Un nom fréquemment utilisé se terminant en -e et qui est masculin est *der Käse*. Il vient du mot latin pour fromage, *caseus*, qui est masculin, et a été importé en allemand après avoir déjà désigné un fromage mou, *der Quark*

Moins d'1 % des noms finissant en -e sont neutres :[46]

- das Auge
- das Ende
- das Erbe (l'héritage ; la personne héritière = *der Erbe*)
- das Finale (italien)
- das Genre (mot français importé donc neutre)
- das Image (français)
- das Interesse (d'origine latine qui a tendance à le rendre neutre)
- das Karate (les types de sport sont en majorité neutres)
- das Konklave (d'origine latin, qui aurait tendance à le rendre neutre ; ce nom est également dans la même catégorie que *das Gemach*, une chambre, une pièce ou une demeure)
- das Prestige (français)
- das Prozedere (italien)
- das Regime (français)

Les noms finissant en -e, mais qui commencent avec *Ge-* sont habituellement neutres :

- das Gebäude
- das Gebirge
- das Gefrage
- das Gemälde

Les noms dérivés d'adjectifs ont tendance à être neutres : das Gute, das Böse

-ee :

- o die Allee
- o die Armee (synonyme de *die Wehrmacht, die Wehr, die Bundeswehr, die Abwehr*, dont est dérivé de *die Feuerwehr*)
- o die Fee
- o die Idee
- o die Matinee
- o die Moschee
- o die Odyssee
- o die Orchidee
- o die Soiree
- o die Tournee

Et puis il y a le substantif important *die See*, (la mer) qui devient un lac lorsqu'il est utilisé avec l'article masculin, car les eaux intérieures, comme les rivières, les barrages, les canaux sont masculins : *der See*

Ce n'est pas très différent du français où un lac peut également être désigné comme une mer, comme dans « la Mer de Galilée ». Notez que l'allemand dispose de plusieurs mots pour la mer, chacun avec un genre différent : *die See, das Meer* et *der Ozean* (l'océan : la très grande mer entre les continents). La mer est assez puissante pour violer la Règle 1 : les catégories de choses similaires ont tendance à avoir un genre similaire

Exceptions de genre neutre (ces mots importés sont habituellement neutres) :

- o das Exposee/Exposé
- o das Frisbee
- o das Kanapee/das Canapé
- o das Klischee
- o das Komitee
- o das Kommunikee/das Kommuniqué
- o das Negligee/das Négligé

o das Püree
o das Renommee
o das Resümee
o das Soufflee/das Soufflé

-ei/-erei : Si le nom a été formé à partir d'un autre nom ou d'un verbe en ajoutant *-erei*, c'est alors toujours féminin

o die Angeberei (la bravade)
o die Aufschneiderei (la vantardise)
o die Augenwischerei (la prétention/la frime)
o die Bäckerei (la boulangerie)
o die Bauernfängerei (l'abus de confiance)
o die Beisserei (la morsure à pleines dents)
o die Bergsteigerei (l'alpinisme)
o die Betrügerei (la fraude/l'arnaque)
o die Bildhauerei (la sculpture)
o die Brandmalerei (la pyrographie)
o die Brauerei (la brasserie)
o die Brennerei (la distillerie)
o die Bücherei (la bibliothèque)
o die Druckerei (l'imprimerie)
o die Duzerei (le tutoiement)
o die Effekthascherei (le sens du spectacle/le sensationnalisme)
o die Faulenzerei (la fainéantise)
o die Feinbäckerei (la boulangerie fine)
o die Fischerei (la poissonnerie)
o die Fleischerei (la boucherie)
o die Flickerei (le raccommodage)
o die Fliegerei (l'aviation)
o die Flunkerei (le bobard)
o die Försterei (l'abri d'un garde-forestier)
o die Freibeuterei (la piraterie)
o die Freimaurerei (la franc-maçonnerie)
o die Gaunerei (la supercherie)
o die Geheimniskrämerei (la cachotterie)
o die Geheimnistuerei (la cachotterie)

o die Geheimtuerei (le secret)
o die Gerberei (la tannerie)
o die Giesserei (la fonderie)
o die Gleichmacherei (l'égalitarisme)
o die Haarspalterei (les chinoiseries)
o die Hehlerei (le recel)
o die Heimlichtuerei (la cachotterie)
o die Hellseherei (la clairvoyance)
o die Hexerei (la sorcellerie)
o die Imkerei (l'apiculture)
o die Jägerei (la chasse)
o die Kaffeerösterei (la torréfaction)
o die Käserei (la fromagerie)
o die Kellerei (l'établissement vinicole)
o die Ketzerei (l'hérésie)
o die Kinderei (l'enfantillage)
o die Klempnerei (la plomberie)
o die Kletterei (l'escalade)
o die Knallerei (le martèlement)
o die Küsserei (le baiser)
o die Landstreicherei (le vagabondage)
o die Lautmalerei (l'onomatopée)
o die Leichenfledderei (le pillage de cadavres)
o die Liebedienerei (l'obséquiosité)
o die Liebhaberei (le hobby)
o die Lügerei (le mensonge)
o die Malerei (la peinture)
o die Massenschlägerei (la bagarre de masse)
o die Metzgerei (la boucherie)
o die Meuterei (la mutinerie)
o die Molkerei (la laiterie)
o die Rechthaberei (manie de toujours vouloir avoir raison)
o die Reederei (la compagnie maritime)
o die Schlamperei (le laisser-aller)
o die Schlemmerei (la gloutonnerie)
o die Schönfärberei (la présentation flatteuse)
o die Schreinerei (la menuiserie)

- o die Schufterei (la corvée)
- o die Schurkerei (la friponnerie)
- o die Schwarzmalerei (le pessimisme)
- o die Schweinerei (la cochonnerie)
- o die Seeräuberei (la piraterie)
- o die Sklaverei (l'esclavage)
- o die Vereinsmeierei (sens exagéré de l'importance d'être un membre d'une ou de plusieurs sociétés)
- o die Vielweiberei (la polygamie)
- o die Völlerei (la gloutonnerie)
- o die Waffenmeisterei (l'armurerie)
- o die Wahrsagerei (le diseur de bonne aventure)
- o die Weberei (le tissage)
- o die Wichtigtuerei (la prétemtion)
- o die Wilddieberei (le braconnage)
- o die Wortklauberei (l'ergotage)
- o die Zahlenspielerei (l'action de jouer à des jeux avec des chiffres)
- o die Zauberei (la magie)
- o die Zuhälterei (le proxénétisme)
- o die Zuträgerei (le potin)

Les noms féminins se terminant en -ei mais pas en -erei : die Abtei, die Anwaltskanzlei, die Arznei, die Bastelei, die Bettelei, die Bummelei, die Bundeskriminalpolizei, die Bundespartei, die Detektei, die Polizei, die Kanzlei, die Partei

Exceptions : les noms neutres en -ei : das Ei, das Geschrei (commençant avec Ge-, sont neutres)

Exceptions : les noms masculins finissant en -ei : der Papagei (la tendance des grands oiseaux est d'être du genre masculin), der Schrei (un nom monosyllabe qui est le synonyme de *der Ruf*, *der Hilferuf*)

-enz : die Intelligenz, die Konsequenz, die Existenz, die Tendenz, die Frequenz

-falt : die Vielfalt, die Sorgfalt

-grafie/-graphie : die Biografie, die Orthografie

-heit : die Dummheit, die Freiheit, die Gesundheit, die Sicherheit die Wahrheit (mais *das Fahrenheit*, car les unités de mesures sont neutres[47])

-icht : Etant donné que *Sicht* est féminin, il existe plusieurs noms féminins dérivés de ce nom (à noter la coïncidence avec la catégorie féminine de « la sagesse et le savoir »)

- o die Sicht (la vue/le point de vue/la perspective)
- o die Absicht (l'intention)
- o die Ansicht (la vue/l'opinion)
- o die Aufsicht (la supervision)
- o die Aussicht (la vue)
- o die Einsicht (la perspicacité)
- o die Hinsicht (le respect/le regard)
- o die Nachsicht (la tolérance)
- o die Übersicht (la vue d'ensemble)
- o die Umsicht (la prudence/l'attention/la prévenance)
- o die Vorsicht (la prudence)

Dans cette catégorie de noms féminins, nous y trouvons également *die Gicht* (la goutte), *die Nachricht, die Pflicht, die Schicht* (l'enrobage/la couche/la classe)

Vu que les noms commençant par *Ge-* ont tendance à être neutres, nous avons :

- o das Gedicht
- o das Gericht
- o das Gesicht
- o das Gewicht

D'autres noms neutres avec cette terminaison sont *das Licht*, et ses nombreux dérivés dont *das Zwielicht* (le crépuscule)

Des noms masculins finissant en *-icht* :

- o der Bericht (le rapport, qui est associé à *der Unterricht*, l'enseignement/l'instruction/l'éducation, qui était autrefois plus masculin)
- o der Bösewicht (le scélérat)
- o der Habicht (le faucon)
- o der Verzicht (la renonciation)
- o der Wicht (le lutin/le freluquet)

-ie : Les noms finissant en *-ie* sont féminins dans 95 % des cas tels que[48] die Biologie, die Demokratie, die Diplomatie, die Familie, die Magie, die Melodie, die Monotonie, die Philosophie, die Psychologie, die Studie

Exceptions (les noms masculins se terminant par *-ie* sont généralement liés à des personnes) : der Hippie, der Junkie

Exceptions (les noms neutres finissant par *-ie* se rapportent généralement à des objets inanimés ou à une catégorie générale ou à des mots commençant par *Ge-*) : das Knie, das Genie, das Selfie

-ik : die Musik, die Politik, die Physik, die Klassik, die Gotik, die Romantik, die Kritik, die Logik, die Ethik, die Symbolik, die Mechanik (une exception neutre : das Mosaik, même catégorie que *das Bild*)

-in : die Doktrin ; et la forme féminine du nom avec la terminaison *-in* ajouté, par exemple die Ärztin, die Studentin, die Doktorin

Exceptions (les noms masculins finissant en *-in*) :

- o der Cousin (comme *der Vetter*)
- o der Delphin (les mammifères marins ont tendance à être masculins)
- o der Harlekin (l'arlequin)

- o der Kamin (la cheminée, comme *der Schornstein*)
- o der Rosmarin (les épices sont du genre masculin)
- o der Termin (du latin *terminus* pour *der Grenzstein*, et également la signification *der Zeitpunkt*)
- o der Urin (car les déchets produits ont tendance à être masculins ; le mot d'origine était également masculin : der Harn)

Exceptions (les noms neutres finissant en -*in* ; souvent des substances chimiques) :

- o das Adrenalin
- o das Benzin
- o das Cholesterin
- o das Hämoglobin
- o das Heroin
- o das Insulin
- o das Toxin

-itis/-tis : Les termes médicaux tels que die Appendizitis, die Arthritis, die Gastroenteritis, die Konjunktivitis, die Meningitis, die Parodontitis, die Sinusitis. Deux continents avec cette terminaison sont féminins : die Arktis, die Antarktis

-keit : die Möglichkeit, die Schnelligkeit, die Schwierigkeit, die Unzulänglichkeit (l'insuffisance/le déficit)

-logie : die Biologie, die Meteorologie

-t : Les noms dérivés de verbes se terminant en -*t* :

- o die Ankunft (ankommen)
- o die Arbeit (arbeiten)
- o die Fahrt (fahren)
- o die Geburt (gebären)
- o die Haft (haften)
- o die Schrift (schreiben)
- o die Sicht (sehen)

o die Tat (tun)

Certains noms féminins à une syllabe se terminant par *-t* :

- o die Faust (le poing ; même catégorie que *die Hand*)
- o die Flut (l'inondation, même catégorie que *die Strömung, die Überschwemmung, die Ebbe, die Wassermasse*)
- o die Frist (la date limite ; plusieurs noms concernant le temps et la durée sont féminins)
- o die Front (même catégorie féminine que *die Vorderseite, die Gefechtslinie*)
- o die Haft (même catégorie que *die Gefangenschaft, die Beschlagnahme, die Gefangennahme, die Fesselung*)
- o die Haut (même catégorie que *die Schale, die Umhüllung*)
- o die Not (même catégorie que *die Schwierigkeit, die Bedrängnis*)
- o die Pest (de *die Pestilenz*, même catégorie que *die Epidemie, die Plage, die Seuche, die Qual*)
- o die Welt (même catégorie que *die Erde, die Erdkugel*)
- o die Wut (même catégorie que *die Raserei, die Erregung*)

Exceptions (neutres) : das Blut (le sang), das Fett (les noms finissant en *-ett* sont neutres), das Nest (même catégorie neutre que *das Heim, das Bett*)

Exceptions (masculines) : der Geist (ce qui rend masculines les trois personnes de la trinité : der Vater, der Sohn und der Heilige Geist) ; der Test, der Rest

-ft : Les noms finissant en *-ft* sont féminins dans la majorité des cas : die Haft, die Kraft, die Luft, die Vernunft ; étant donné que les mots commençant avec *G-* ont tendance à être neutres, il n'est peut-être pas surprenant que *das Gift* soit une exception

-cht : Les noms se terminant avec -*cht* sont féminins dans 64 % des cas[49]

- o die Absicht (l'intention)
- o die Acht (les nombres sont féminins)
- o die Bucht (la baie)
- o die Drogensucht (l'addiction à la drogue)
- o die Eifersucht (la jalousie)
- o die Eintracht (l'harmonie)
- o die Fettsucht (l'obésité)
- o die Fracht (le fret/le cargo/la charge/le transport)
- o die Gefallsucht (la soif d'admiration)
- o die Gelbsucht (la jaunisse)
- o die Gewinnsucht (l'avidité excessive/l'appât du gain)
- o die Habsucht (l'avidité)
- o die Ichsucht (l'égotisme)
- o die Macht (le pouvoir/la force/la puissance)
- o die Magersucht (l'anorexie)
- o die Nacht (la nuit ; catégorie féminine similaire à *die Dunkelheit, die Finsternis, die Düsterkeit*)
- o die Pflicht (l'obligation/le devoir/la responsabilité/la tâche)
- o die Pracht (la magnificence/la splendeur/la gloire)
- o die Sehnsucht (l'aspiration/le désir)
- o die Selbstsucht (l'égoïsme)
- o die Sicht (la vue/le point de vue/la perspective)
- o die Spielsucht (l'addiction au jeu)
- o die Streitsucht (le caractère querelleur)
- o die Sucht (l'addiction)
- o die Tobsucht (la folie)
- o die Trunksucht (l'alcoolisme)
- o die Wassersucht (condition médicale : l'hydropisie)

Les noms se terminant en -*cht* sont masculins dans 22 % des cas et se rapportent généralement aux personnes : der Wicht (le lutin/le gnome), der Bösewicht (le scélérat)

Les noms finissant en *-cht* sont neutres dans 15 % des cas, spécialement s'ils se réfèrent à des objets inanimés et/ou commencent par *Ge-* : das Gesicht (le visage)

-orm : die Form (et ses dérivés : die Anredeform, die Plattform, die Reform, die Staatsform, die Uniform) ; die Norm

-tät : die Aktivität, die Elektrizität, die Identität, die Integrität, die Kapazität, die Lokalität, die Majestät, die Marktvolatilität, die Nationalität, die Pietät, die Priorität, die Qualität, die Universität

-thek : die Bibliothek, die Diskothek

-tion, -sion, -gion, -xion, -nion : die Nation, die Mission, die Religion, die Reflexion, die Million, die Union, die Diskussion, die Koalition, die Situation, die Funktion

-schaft :

- o die Botschaft (l'ambassade/le message)
- o die Bruderschaft (la fraternité)
- o die Eigenschaft (la caractéristique/la propriété/la fonctionnalité/la qualité)
- o die Freundschaft (l'amitié)
- o die Genossenschaft (la coopérative)
- o die Gesellschaft
- o die Hiobsbotschaft (des mauvaises nouvelles)
- o die Herrschaft (la règle/le contrôle/la domination)
- o die Mannschaft (l'équipage/l'équipe)
- o die Seilschaft (le réseau social/la coterie)
- o die Wirtschaft

-sis : die Basis, die Dosis, die Genesis, die Katharsis, die Skepsis

-ung : Les noms finissant en *-ung*, spécialement s'ils contiennent plus d'une syllabe, sont très probablement féminins

- o die Abteilung
- o die Abwägung (la comparaison/la valorisation)
- o die Anlegerstimmung
- o die Bedeutung
- o die Bedingung
- o die Beobachtung
- o die Beratung
- o die Bewegung
- o die Beziehung
- o die Bildung
- o die Einführung
- o die Endung
- o die Erfahrung
- o die Erfindung
- o die Erklärung
- o die Erzählung
- o die Erziehung
- o die Forschung
- o die Handlung
- o die Landung
- o die Leistung
- o die Leitung
- o die Lösung
- o die Neigung
- o die Öffnung
- o die Ordnung
- o die Prüfung
- o die Regierung
- o die Rettung
- o die Richtung
- o die Sammlung
- o die Sendung
- o die Siedlung
- o die Spannung
- o die Stimmung
- o die Übung
- o die Veränderung

- o die Verbindung
- o die Verfolgung
- o die Verletzung
- o die Vorlesung
- o die Währung
- o die Warnung
- o die Werbung
- o die Wirkung
- o die Wohnung
- o die Zeichnung
- o die Zeitung

Exceptions à cette règle en *-ung* : les noms monosyllabiques car la majorité de ces mots sont masculins

- o der Dung (la crotte/le fumier/la gadoue)
- o der Schwung
- o der Sprung

-ur : (mais pas *-eur*[50]) Les noms se terminant en *-ur* ou *-ür* sont féminins dans 93 % des cas[51]

- o die Agentur
- o die Armatur
- o die Frisur
- o die Glasur
- o die Kultur
- o die Literatur
- o die Natur
- o die Reparatur
- o die Spur
- o die Tastatur
- o die Temperatur

Exceptions (masculines dans 5 % des cas) : der Merkur (mercure, même catégorie plus large que *der Jupiter*, *der Mars*, *der Neptun*, *der Saturn* et *der Uranus*)

Exceptions (neutres, environ 2 % des cas) : das Abitur (importé du latin *Abiturium*)

-ür : die Tür, die Willkür (mais *das* Gespür car les noms commençant avec *Ge-* sont souvent neutres)

Das : Les règles qui rendent les noms neutres

Régle 1 : Les catégories

Les références à des catégories de niveau supérieur ou de premier ordre, ou des collections de choses inanimées sont souvent neutres (voir le croquis 1 dans l'introduction pour une description schématique de ce principe) :

- das All/das Universum : l'univers est neutre ; ses nombreux sous-éléments ont les trois genres
- das Alter/das Altertum/das Altsein
- das Besteck : der Löffel, die Gabel, das Messer
- das Ding
- das Erzeugnis : das Glaserzeugnis
- das Fleisch
- das Gerät
- das Gesicht : der Mund, die Nase, das Ohr
- das Geflügel (la volaille) : der Hahn, die Henne, das Küken
- das Getränk : der Wein, der Saft
- das Gewürz : der Pfeffer, das Salz
- das Gut : das Massengut, das Kulturgut, das Landgut
- das Insekt
- das Instrument
- das Kleid : das Abendkleid, das Brautkleid
- das Mahl : das Essen
- das Mehl
- das Material
- das Obst
- das Pferd
- das Produkt : das Agrarprodukt, das Industrieprodukt

- das Rind : der Bulle, die Kuh, das Kälbchen
- das Schiff/das Boot
- das Tier
- das Wild (le gibier/la chasse)
- das Wort
- das Zeug : das Werkzeug

Les lettres de l'alphabet : das A, das B, das Eszett (la lettre ß) inclus

Les langues sont généralement neutres : das Deutsch, das Englisch, das Latein

Quelques termes grammaticaux/parties de discours : das Adjektiv, das Attribut, das Futur (le temps futur), das Perfekt (le temps passé composé), das Präfix, das Präteritum (l'imparfait), das Nomen, das Substantiv, das Suffix, das Verb, das Wort, das Komma

Exceptions : les cas grammaticaux car ils font partie de la catégorie masculine pour le « cas » : *der Kasus*, *der Fall*, tels que *der Nominativ*, *der Akkusativ*, *der Dativ*, *der Infinitiv*, *der Superlativ*

Les noms dérivés de l'infinitif : das Essen, das Schreiben, das Laufen, das Schwimmen

Les noms dérivés d'adjectifs (sans référence à une personne ou à des choses spécifiques) : das Gute, das Böse, das Schöne, das Ungeheure (l'énormité, l'immensité), das Neue, das Gleiche, das Ganze

Les couleurs : das Blau, das Rot, das Gelb, das Hellgrün, das Dunkelbraun, das Lila/das Violett (notez que certaines couleurs ont le même nom qu'un objet, par exemple turquoise, *das Türkis*, qui est bleu-vert et nommé d'après la pierre précieuse *der Türkis*)

Les noms des continents, pays, régions, villes et vallées sont neutres dans la majorité des cas. Habituellement, l'article neutre « das » n'est pas placé devant le nom de pays ou de ville, mais il devient pertinent dans certains contextes. Par exemple : « *Das* heutige Italien hat Wirtschaftsprobleme. »

Les pays avec la terminaison *-ein*, *-land*, *-reich* ou *-stan* sont toujours neutres. Exemples : Italien, Spanien, Deutschland, England, Österreich, Frankreich, Vereinigtes Königreich, Afghanistan, Pakistan

Contrairement au cas des pays neutres, l'article défini pour les pays masculins et féminins est toujours utilisé.

Pays féminins : die Schweiz, die Slowakei, die Türkei, die Mongolei, die Ukraine

Pays masculins : der Irak, der Iran, der Jemen, der Senegal, der Sudan, der Südsudan, der Niger, der Vatikan

Pour une raison inexplicable, le nouvel état du Kosovo est à la fois masculin et neutre[52].

Même si le nom pour « la ville » (*die Stadt*) est féminin, la catégorie « ville nommée » est neutre. Tout comme dans l'exemple des pays neutres cités ci-dessus, ce genre neutre est utilisé uniquement avec un adjectif : *das* geteilte Berlin. Cette catégorie neutre (Règle 1) est suffisamment puissante pour dominer le genre implicite suggéré par la terminaison du nom (Règle 2). Par exemple, c'est « *das* mittelalterliche Hamburg », même si la terminaison *-burg* est féminine : *die* Burg (de *die Festung*, *die Stadt*)

Il existe un principe similaire en ce qui concerne les continents. Le nom pour le continent est masculin : *der Kontinent*, qui est le synonyme de *der Erdteil* (une vaste étendue de masse terrestre). Mais quand nous nommons individuellement les continents, ils ont leur propre genre. *Arktis* et *Antarktis* sont féminins, tandis que *Afrika, Amerika, Asien, Europa* et *Ozeanien* sont neutres. Le genre d'un continent neutre se révèle grâce à un adjectif : « *das ferne Asien* » ou « *das* alte Europa ». Dans le cas des continents féminins, seulement l'article défini doit être utilisé : « Wir besuchen *die* Arktis. »

Le même principe s'applique aux îles. Le nom pour île est féminin (*die Insel*). Toutefois, les noms des îles, particulièrement s'il s'agit également de pays, sont neutres : *das* schöne Mauritius, *das* kommunistische Kuba.

Les humains et les animaux bébés[53] : das Baby, das Kind, das Kalb, das Kälbchen, das Ferkel, das Küken, das Lamm

Les diminutifs (*-chen, -lein*, ainsi que leurs formes dans les dialectes : *-le, -erl, -el, -li*) : das Kaninchen, das Fräulein, das Aschenbrödel ; Haus → das Häuschen, das Häuslein

Les morceaux et petites particules : das Stück, das Teil, das Atom, das Molekül, das Elektron, das Neutron

Presque tous les 112 éléments connus du tableau périodique : das Aluminium, das Kupfer, das Uran (six exceptions : der Kohlenstoff, der Sauerstoff, der Stickstoff, der Wasserstoff, der Phosphor, der Schwefel)

Les noms des métaux : das Blei, das Messing (le laiton), das Zinn (exceptions : die Bronze, der Stahl)

Les matériaux : das Glas, das Holz

Le feu et l'eau : das Feuer, das Wasser

Les herbes : das Gras, das Haschisch, das Marihuana, das Heu, das Viehfutter, das Kraut (l'herbe/le chou), das Unkraut (la mauvaise herbe)

Les unités de mesures en physique : das Ampere, das Ohm, das Watt, das Volt, das Newton

Les unités de mesures des températures : das Celsius, das Fahrenheit, das Kelvin

Les unités de poids : das Gewicht, das Pfund, das Kilogramm (sauf si le nom a une terminaison en -*e* : *die Tonne, die Unze*)

Les tonalités musicales : das Dur (la tonalité majeure), das Moll (la tonalité mineure)

- o Certains ensembles musicaux : das Konzert, das Orchester, das Theater, das Ballett (mais *die* Oper, *die* Band)

- o Certains instruments de musique n'ayant pas de terminaison en -*e* : das Cello, das Cembalo, das Klavier, das Piano

Les fractions : das Drittel (⅓), das Viertel (¼), das Quartal (exception : die Hälfte) ; $^1/_{20}$ → das Zwanzigstel (les Suisses sont en désaccord et classent toutes les fractions se terminant en -*tel* comme masculines)

Les livres/les papiers/les protocoles : das Wort, das Buch, das Papier, das Blatt, das Dokument, das Protokoll, das Kapitel

Les types de sports et de jeux :

- o das Aerobic
- o das Backgammon
- o das Badminton
- o das Bowling
- o das Golf
- o das Hockey
- o das Jogging
- o das Karate

o das Pilates
o das Poker
o das Schach (les échecs)
o das Schwimmen
o das Squash
o das Tennis
o das Turnen (la gymnastique)
o das Yoga

Exceptions : les noms composés terminant par *Ball*, comme dans *der Fussball, der Volleyball* ou *der Sport,* comme dans *der Motorsport, der Wassersport.*

La médecine : das Medikament/das Heilmittel/das Arznei-mittel → das Aspirin (nom générique)

Les détergents : das Waschmittel → das Ariel, das Omo, das Vim, das Persil

Les noms d'hôtels, cafés, clubs, théâtres, cinémas : das Hilton, das Odeon, das Rex

Les noms étrangers importés en allemand sont généralement neutres, par exemple *das Know-how.* Les exceptions ont tendance à se produire lorsque les Allemands ont déjà un nom dans un autre genre pour le même mot. Par exemple, *die Holding*, comme une société holding, pour laquelle ils disposent déjà de *die Firma/die Gesellschaft*

Règle 2 : les sons

-aar : das Haar, das Paar, mais *die Saar*, une rivière en Europe (Règle 1 : les catégories)

-är: das Militär, das Salär

-al :

- o das Denkmal
- o das Festival
- o das Ideal
- o das Kapital
- o das Lokal
- o das Oval
- o das Pedal
- o das Personal
- o das Portal
- o das Schicksal
- o das Signal
- o das Spital
- o das Tal

Exceptions : die Moral (similaire à *die Ethik, die Sittlichkeit*), der Karneval (similaire à *der Fasching*), der Schal, der Kanal (similaire à *der Wasserlauf, der Wasserweg, der Sund*)

-at:

- o das Aggregat (l'unité/l'agrégat)
- o das Attentat
- o das Dekanat (le décanat)
- o das Derivat
- o das Destillat
- o das Diktat
- o das Dirigat
- o das Duplikat
- o das Emirat
- o das Exponat (l'exposition)
- o das Fabrikat (la marque/le produit manufacturé)
- o das Filtrat
- o das Format
- o das Implantat (l'implant)
- o das Inserat (l'annonce/la publicité)
- o das Internat

- o das Kalifat
- o das Kondensat
- o das Konglomerat
- o das Konkordat
- o das Konsulat
- o das Korrelat
- o das Laminat
- o das Lektorat
- o das Mandat
- o das Nitrat
- o das Nougat
- o das Opiat
- o das Phosphat
- o das Plagiat
- o das Plakat
- o das Postulat
- o das Proletariat/das Lumpenproletariat
- o das Protektorat
- o das Quadrat
- o das Referat
- o das Rektorat
- o das Syndikat
- o das Unikat
- o das Zertifikat
- o das Zitat

Des exceptions masculines dans la catégorie -*at* sont souvent des noms qui se rapportent à une personne masculine, une profession ou une fonction. Si le nom se référait à une femme dans un tel rôle, la terminaison -*in* serait généralement ajoutée :

- o der Advokat
- o der Akrobat
- o der Aristokrat
- o der Bürokrat
- o der Demokrat
- o der Diplomat
- o der Pirat

- o der Renegat
- o der Soldat

ou des noms qui se réfèrent à des machines, des équipements, des outils :

- o der Apparat
- o der Automat
- o der Thermostat (mais dans ce cas cela peut aussi être « das Thermostat »)

Et de nombreux dérivés du nom *der Rat* (qui, dans son sens initial, se réfère à toutes sortes d'approvisionnement, mais qui aujourd'hui signifie conseil), tel que *der Beirat* (conseil consultatif), *der Sicherheitsrat* (le Conseil de Sécurité), ce qui expliquerait le genre masculin de *der Senat* (le sénat) ; d'autres noms masculins dans cette catégorie incluant *der Hausrat* (meubles ou provisions pour la maison), *der Vorrat* (des provisions, des stocks), et *der Verrat* (qui semble être le contraire d'un approvisionnement honnête : la trahison)

Exceptions qui sont féminines et qui incluent des noms associés à des catégories féminines, par exemple *die Kumquat* (les fruits sont souvent féminins), *die Tat* (même catégorie que *die Aktion, die Handlung*), *die Zutat* (l'ingrédient ; car la racine du mot *Tat* est féminine), *die Heimat* (le pays natal) et *die Heirat* (le mariage), et ce nom est dans la même catégorie féminine que d'autres mots pour le mariage : *die Ehe, die Eheschliessung, die Hochzeit, die Trauung, die Verheiratung*)

-bot :

- o das Angebot (l'offre)
- o das Aufgebot (le contingent/l'appel militaire)
- o das Ausgehverbot (le couvre-feu/le confinement à la caserne/la mise à terre)
- o das Gebot (l'offre/l'exigence/l'ordre/la loi)
- o das Überangebot (le surplus/la pléthore)

Exception : en informatique, un « bot » en allemand est « der Bot » parce que le nom provient de « der Roboter »

-eil : das Seil, das Urteil, das Gegenteil

Das Teil (*loses Stück*/une partie détachée) : das Puzzleteil, das Ersatzteil, das Einzelteil, das Oberteil, das Plastikteil, das Wrackteil

Der Teil (*Teil eines Ganzen*/une partie intégrante d'un ensemble) : der Erdteil, der Landesteil, der Stadtteil, der Elternteil (le parent), der Bestandteil, der (vordere/hintere) Zugteil, der Mittelteil (tel que le milieu d'un livre)

-em : Les noms qui se terminent avec *-em* et dont la dernière syllabe est accentuée sont souvent des mots importés (d'origine grecque), ce qui les rend neutres

- o das Diadem
- o das Ekzem
- o das Emblem
- o das Extrem
- o das Ödem
- o das Phonem
- o das Problem
- o das System
- o das Theorem

Les noms suivants dont la première syllabe sont également neutres : das Modem, das Requiem, das Totem, das Tandem

Par contre, les noms suivants portant l'accent sur la première syllabe sont masculins : der Atem, der Harem, der Moslem

-ett : Les noms finissant en *-ett* sont neutres dans 95 % des cas[54]

- o das Bajonett

o das Ballett
o das Bankett
o das Billett
o das Brikett
o das Büffett
o das Bukett
o das Duett
o das Eszett (la lettre ß)
o das Etikett
o das Flageolett
o das Florett
o das Flötenquartett
o das Flussbett
o das Inlett
o das Jackett
o das Kabarett
o das Kabinett
o das Kabriolett
o das Klosett
o das Kornett
o das Körperfett
o das Korsett
o das Kotelett
o das Kriegskabinett
o das Lazarett
o das Menuett
o das Minarett
o das Oktett
o das Omelett
o das Parkett
o das Quartett
o das Rechenbrett
o das Reissbrett
o das Roulett
o das Schachbrett
o das Servierbrett
o das Sextett
o das Skelett

o das Sonett
o das Spinett
o das Sprungbrett
o das Stilett
o das Surfbrett
o das Tablett
o das Violett
o das Zeichenbrett

-euer : das Feuer, das Abenteuer, das Ungeheuer

-fon/-phon : das Telefon, das Mikrophon, das Megaphon, das Grammophon, das Saxofon/Saxophon, das Xylofon/Xylophon

Ge- : Les noms qui commencent par la syllabe non-accentuée *Ge-* et qui ne désignent pas une personne sont souvent neutres, par exemple *das Gehirn* (le cerveau). Les noms créés avec *Ge-* + la racine du verbe + *e* sont toujours neutres : fragen → das Gefrage (questions), bauen → das Gebäude, malen → das Gemälde, ainsi que la plupart des noms construits de cette façon à partir de noms très proches, par exemple (Berge → das Gebirge)

o das Gebäck
o das Gebäude
o das Gebell
o das Gebet
o das Gebiet
o das Gebirge
o das Gebiss (le mors pour un cheval/la dentition)
o das Gedächtnis
o das Gedicht
o das Gefäss
o das Gefühl
o das Gehäuse
o das Geheimnis
o das Geheiss (l'enchère)
o das Gehirn

o das Gejaule (le hurlement)
o das Gelaber (le bavardage/le jacassement)
o das Gelächter (le rire)
o das Gelage (le banquet/la festivité/la frénésie)
o das Gelände
o das Gelenk (l'articulation)
o das Gemälde (la peinture)
o das Gemäuer (la maçonnerie)
o das Gemenge
o das Gemetzel (le bain de sang/l'abattage/le massacre)
o das Gemüse
o das Gemüt (la disposition)
o das Genick
o das Gepäck
o das Gerangel (la dispute)
o das Gerät
o das Geräusch
o das Gerede
o das Gericht
o das Gerinnsel
o das Gerippe
o das Geröll
o das Gerücht
o das Gerümpel
o das Gerüst
o das Gesäss
o das Geschäft
o das Geschehen
o das Geschenk
o das Geschick
o das Geschirr
o das Geschlecht
o das Geschöpf
o das Geschoss
o das Geschrei
o das Geschütz
o das Geschwader
o das Geschwätz

o das Geschwür
o das Gesetz
o das Gesicht
o das Gesindel
o das Gespenst
o das Gespräch
o das Gespür
o das Gestein
o das Gestell
o das Gestirn
o das Gestrüpp
o das Gestüt
o das Gesuch
o das Getöse (le rugissement/le bruit/le vacarme)
o das Getränk
o das Getreide
o das Getue
o das Gewächs
o das Gewand
o das Gewässer
o das Gewebe
o das Gewehr
o das Geweih
o das Gewerbe
o das Gewicht
o das Gewieher (le hennissement)
o das Gewinde (le fil)
o das Gewirr
o das Gewissen
o das Gewitter
o das Gewölbe
o das Gewühl
o das Gewürz

Exceptions :

Les noms masculins commençant avec *Ge-* ont tendance à être plus abstraits que les noms neutres débutant avec *Ge-*

- o der Gedanke
- o der Genuss
- o der Geschmack
- o der Gewinn
- o der Geruch
- o der Gestank
- o der Gebrauch
- o der Gesang

Les noms féminins commençant avec *Ge-* ont aussi tendance à être plus abstraits que les noms neutres débutant avec *Ge-* :

- o die Gebärde (le geste : les mouvements sont pour la plupart féminins)
- o die Gebühr (les frais : les paiements et les impôts sont féminins)
- o die Geduld
- o die Gewalt (la force/l'autorité/la violence)
- o die Gestalt (la forme)
- o die Geschichte (l'histoire : le récit et le discours sont féminins)
- o die Gemeinde
- o die Gefahr
- o die Gewähr (la garantie)
- o die Geburt

-gramm :

- o das Anagramm
- o das Autogramm
- o das Diagramm
- o das Hologramm
- o das Kilogramm

- o das Milligramm
- o das Mikrogramm
- o das Monogramm
- o das Programm
- o das Parallelogramm
- o das Seismogramm
- o das Telegramm

-ial :

- o das Material
- o das Potenzial

-iel :

- o das Beispiel (l'exemple)
- o das Endspiel (la finale)
- o das Glücksspiel (le pari)
- o das Lustspiel (la comédie)
- o das Spiel (le jeu/le match)
- o das Trauerspiel (la tragédie/le fiasco)
- o das Ziel (le but/la cible)

-ier : Les noms se terminant en *-ier* sont neutres dans 60 % des cas, masculins dans 30 % des cas et féminins dans 10 % des cas[55]

Quand un nom se termine en *-ier* et qu'il ne se réfère pas à des personnes, par exemple *der Australier, der Bankier, der Brigadier*, ou à des types d'animaux spécifiques, par exemple *der Dinosaurier, der Stier, der Yorkshireterrier*, mais par contre à des choses inanimées ou à des catégories supérieures de choses, alors la terminaison *-ier* indique habituellement un nom neutre :

- o das Atelier (le studio)
- o das Bier
- o das Elixier

- o das Klavier
- o das Metier (la profession/le commerce)
- o das Papier
- o das Quartier
- o das Tier
- o das Turnier (le tournoi)
- o das Visier (le viseur)

Etant donné que le féminin est le genre par défaut pour les noms abstraits, cela expliquerait *die Gier* (l'avidité/la voracité/la convoitise). Un autre nom rare féminin se terminant par *-ier* est *die Feier* (la célébration/la cérémonie/le festival)

-ing : Les noms importés de l'anglais avec la terminaison *-ing* sont habituellement neutres

- o das Babysitting
- o das Bodybuilding
- o das Bowling
- o das Brainstorming
- o das Branding
- o das Camping
- o das Controlling
- o das Desktoppublishing
- o das Dribbling
- o das Doping
- o das Dressing
- o das Jogging
- o das Lobbying
- o das Marketing
- o das Mobbing
- o das Recycling
- o das Stalking
- o das Training

Exceptions : Lorsque des noms semblables existent en allemand, ils prennent alors le genre du mot allemand déjà existant :

Les noms féminins finissant en -*ing* :

o die Holding (même catégorie que *die Firma, die Gesellschaft*)

Les noms masculins finissant en -*ing* :

o der Boxring (masculin à cause de la terminaison : *der Ring* et un synonyme allemand existe : *der Kampfplatz*)

-ip : das Prinzip et toutes ses nombreuses formes composées

o das Autoritätsprinzip
o das Einteilungsprinzip
o das Fertigungsprinzip
o das Grundprinzip
o das Kausalprinzip
o das Lebensprinzip
o das Leistungsprinzip
o das Leitungsprinzip
o das Majoritätsprinzip
o das Moralprinzip
o das Nützlichkeitsprinzip
o das Ordnungsprinzip
o das Prioritätsprinzip
o das Relativitätsprinzip
o das Sparsamkeitsprinzip

-iv :

o das Additiv
o das Adjektiv
o das Archiv
o das Leitmotiv
o das Motiv
o das Präservativ

Exceptions : Les cas grammaticaux, car ils appartiennent à la catégorie *der Kasus*, *der Fall* ; der Nominativ, der Akkusativ, der Dativ, der Infinitiv, der Superlativ

-lein : Ces diminutifs ont tendance à apparaître dans un langage idiomatique ou plus pittoresque tels que : das Bächlein, das Büchlein, das Fräulein, das Gänslein, das Knäblein, das Krüglein, das Männlein, das Scherflein, das Stiftsfräulein, das Stündlein, das Vöglein, das Zicklein, das Zünglein

-ld : das Bild, das Feld (das Erdölfeld, das Magnetfeld, das Mittelfeld, das Spannungsfeld, das Spielfeld, das Trümmerfeld, das Umfeld), das Geld, das Gold, das Schild (même catégorie que *das Plakat*), das Wild

Masculins : der Held, der Schild, der Sold, der Wald

Féminins : die Geduld, die Schuld

-ma : (d'origine grecque)

- o das Aroma
- o das Charisma
- o das Dilemma
- o das Dogma
- o das Drama
- o das Klima
- o das Koma (le coma)
- o das Komma (la virgule)
- o das Magma
- o das Panorama
- o das Paradigma
- o das Plasma
- o das Prisma
- o das Schema
- o das Sperma
- o das Stigma
- o das Thema

o das Trauma

Mots n'ayant pas d'origine grecque : das Karma, das Lama

Exceptions : die Firma (même catégorie que *die Gesellschaft*) ;
der Puma (les animaux effrayants ont tendance à être masculins)

-ment : quelques noms étrangers importés dans cette catégorie,
ceux-ci étant du genre neutre

- o das Abonnement
- o das Apartment
- o das Argument
- o das Departement
- o das Dokument
- o das Element
- o das Equipment
- o das Experiment
- o das Fragment
- o das Fundament
- o das Instrument
- o das Kompliment
- o das Management
- o das Medikament
- o das Monument
- o das Ornament
- o das Parlament
- o das Pergament
- o das Pigment
- o das Posament
- o das Regiment
- o das Reglement
- o das Sakrament
- o das Sediment
- o das Segment
- o das Sortiment
- o das Statement
- o das Temperament

- o das Testament
- o das Wealth Management

Exceptions :

- o der Konsument (le consommateur lié à une personne alors que les noms précédemment cités ne le sont pas)
- o der Zement (même catégorie que *der Sand, der Stein, der Beton, der Kiesel, der Kitt, der Klebstoff*)

-nis : les noms se terminant par -*nis* sont soit neutres soit féminins

Les noms féminins finissant en -*nis* ont tendance à se référer à des attitudes, des conditions ou à des concepts plus abstraits :

- o die Bedrängnis (la détresse : catégorie similaire que *die Angst, die Sorge* ainsi que d'autres conditions existentielles, telles que *die Armut*)
- o die Befugnis (l'autorité)
- o die Bewandtnis (la caractéristique unique/l'aspect)
- o die Bitternis (l'amertume)
- o die Empfängnis (la conception)
- o die Erlaubnis (la permission ; dans cette catégorie, nous trouvons aussi les règles et les limites : *die Regelung, die Frist, die Limitierung, die Grenze, die Begrenzung, die Beschränkung*)
- o die Ersparnis (l'économie)
- o die Fäulnis (la pourriture)
- o die Finsternis (l'obscurité/l'éclipse : catégorie similaire à *die Dunkelheit/die Nacht*)
- o die Kenntnis (la connaissance/la conscience : la sagesse est une catégorie féminine)
- o die Wildnis (la chasse est féminine d'après les déesses de la chasse grecque et romaine)

Les noms neutres se terminant en -*nis* ont tendance à se référer à des chose plus concrètes (des résultats/des choses physiques) :

- o das Ärgernis (la nuisance)
- o das Bedürfnis (l'exigence/la nécessité)
- o das Begräbnis (les funérailles/l'enterrement)
- o das Bekenntnis (la confession)
- o das Besäufnis (la beuverie)
- o das Bildnis (l'image/le portrait)
- o das Bündnis (l'alliance/l'union)
- o das Eingeständnis (la confession/l'aveu)
- o das Ereignis (l'événement/l'incident)
- o das Ergebnis (le résultat : également pour les affaires *das Betriebsergebnis*)
- o das Erlebnis (l'expérience/l'aventure)
- o das Erzeugnis (le produit)
- o das Gedächtnis (la mémoire/la pensée : le cerveau est également neutre *das Gehirn*)
- o das Gefängnis (la prison)
- o das Geheimnis (catégorie similaire à *das Rätsel, das Mysterium, das Phänomen, das Wunder*)
- o das Geständnis (la confession/l'admission : catégorie similaire à *das Bekenntnis*, ci-dessus)
- o das Hemmnis (parfois un obstacle plus subtile/une barrière)
- o das Hindernis (parfois un obstacle plus physique)
- o das Missverständnis (le malentendu)
- o das Tennis (les types de sports sont neutres)
- o das Unverständnis (l'incompréhension)
- o das Verhältnis (par exemple *das Risiko-Rendite-Verhältnis*)
- o das Verhängnis (la condamnation/le sort/la chute)
- o das Verständnis (la compréhension)
- o das Verzeichnis (la liste/la table des matières/l'annuaire)
- o das Wagnis (le risque/le hasard)
- o das Zerwürfnis (la discorde)
- o das Zeugnis (le témoignage/le certificat/la référence)

-ol : Dans cette catégorie, nous avons tendance à trouver de nombreuses substances chimiques, qui sont neutres pour la plupart, ainsi que les mots fréquemment utilisés *das Idol* et *das Symbol*

- o das Aerosol
- o das Äthanol/Ethanol
- o das Benzol
- o das Cobol
- o das Glykol
- o das Idol
- o das Menthol
- o das Mol
- o das Monopol
- o das Phenol
- o das Polystyrol
- o das Sol (un produit chimique : le dieu du soleil romain serait *der*)
- o das Stanniol
- o das Südtirol (les pays et les régions sont neutres)
- o das Symbol
- o das Thymol
- o das Tirol (les pays et les régions sont neutres)
- o das Toluol

Exceptions :

- o der Alkohol (alors que les produits chimiques sont neutres, l'alcool et les boissons alcooliques sont du genre masculin)
- o der Pirol (une sorte d'oiseau : les oiseaux sont masculins)
- o der Pol, der Nordpol, der Südpol, der Gegenpol (les points cardinaux sont masculins)

-om/-ym :

- o das Akronym
- o das Atom
- o das Axiom
- o das Binom
- o das Chromosom
- o das Diplom
- o das Enzym
- o das Genom
- o das Kondom
- o das Metronom
- o das Monom
- o das Phantom
- o das Polynom
- o das Pseudonym
- o das Symptom
- o das Syndrom

-skop :

- o das Horoskop
- o das Kaleidoskop
- o das Mikroskop
- o das Periskop
- o das Stethoskop
- o das Teleskop

-tum :

- o das Altertum
- o das Analphabetentum
- o das Arboretum
- o das Ausstellungsdatum
- o das Bauerntum
- o das Besitztum
- o das Bevölkerungswachstum
- o das Bistum

o das Brauchtum
o das Bürgertum
o das Christentum
o das Datum
o das Diktum
o das Eigentum
o das Erratum
o das Erzbistum
o das Erzherzogtum
o das Faktum
o das Fürstentum
o das Geldmengenwachstum
o das Gemeindeeigentum
o das Gewinnwachstum
o das Grossherzogtum
o das Grundeigentum
o das Haltbarkeitsdatum
o das Heidentum
o das Heiligtum
o das Heldentum
o das Herstelldatum
o das Importwachstum
o das Jahreswachstum
o das Judentum
o das Kaisertum
o das Kleinbürgertum
o das Kompositum
o das Künstlertum
o das Laientum
o das Lieferdatum
o das Mehrheitsvotum
o das Misstrauensvotum
o das Miteigentum
o das Mitläufertum
o das Mönchstum
o das Nullwachstum
o das Papsttum
o das Präteritum (le passé)

- o das Privateigentum
- o das Quantum
- o das Rektum
- o das Scheichtum
- o das Skrotum
- o das Stadtbürgertum
- o das Strebertum (le carriérisme)
- o das Tagesdatum
- o das Ultimatum
- o das Unternehmertum
- o das Verbrechertum
- o das Verfalldatum
- o das Vertrauensvotum
- o das Volkstum
- o das Votum
- o das Wachstum
- o das Wirtschaftswachstum
- o das Zellwachstum
- o das Zwittertum

Exceptions :

- o der Irrtum (même catégorie que *der Fehler*)
- o der Reichtum

-um : spécialement si les noms sont d'origine latine

- o das Album
- o das Aquarium
- o das Auditorium
- o das Bakterium
- o das Evangelium
- o das Forum
- o das Gymnasium
- o das Impressum
- o das Individuum
- o das Jubiläum
- o das Kriterium

o das Maximum
o das Minimum
o das Ministerium
o das Museum
o das Opium
o das Optimum
o das Pensum (la charge de travail)
o das Podium
o das Publikum
o das Serum
o das Stadium
o das Studium
o das Vakuum
o das Visum
o das Zentrum

Exception : der Konsum (même catégorie que *der Verbrauch*)

-werk : Noms composés venant de *das Werk*

o das Atomkraftwerk
o das Bauwerk
o das Bollwerk
o das Braunkohlekraftwerk
o das Breitbandnetzwerk
o das Computernetzwerk
o das Dampfkraftwerk
o das Datennetzwerk
o das Diskettenlaufwerk
o das Erdwärmekraftwerk
o das Feuerwerk
o das Gaskraftwerk
o das Gaswerk
o das Gedankenwerk
o das Gemeinschaftswerk
o das Gewerk (le commerce)
o das Glaswerk
o das Handwerk

o das Hauptwerk
o das Hilfswerk
o das Kraftwerk
o das Kunstwerk
o das Laufwerk
o das Meisterwerk
o das Metallwerk
o das Nachschlagewerk
o das Netzwerk
o das Orchesterwerk
o das Sammelwerk
o das Stahlwerk
o das Standardwerk
o das Stockwerk
o das Strahltriebwerk
o das Wasserwerk
o das Windkraftwerk
o das Wunderwerk

-yl :

o das Acryl
o das Asyl (l'asile, venant du grec, donc un mot importé neutre)
o das Vinyl

-zept :

o das Konzept
o das Rezept

-zeug :

o das Zeug
o das Fahrzeug
o das Flugzeug
o das Kampfflugzeug

- das Militärflugzeug
- das Passagierflugzeug
- das Schreibzeug
- das Silberzeug
- das Spielzeug
- das Werkzeug

L'un ou l'autre

Dans les cas où les noms ont tendance à être associés à seulement deux des trois genres, vous avez une plus grande chance de deviner le genre correct.

Masculin ou neutre

Les noms finissant par une double consonne, tels que -*ck*, -*tz* ou -*ss* sont masculins dans la majorité des cas ou neutres s'ils ne se terminent pas par -*ness* (par exemple *die Fitness, die Wellness*).

Un critère de distinction entre des mots masculins et neutres dans cette catégorie est le fait que les noms monosyllabiques sont en général masculins alors que les noms commençant par *G-* ou *Ge-* sont souvent neutres.

-ck :

masculins : der Blick, der Dreck, der Druck, der Fleck, der Geck, der Klick, der Knick (le pliage, le pli), der Lack (le vernis), der Rock, der Schluck, der Speck, der Trick, der Zweck

neutres : das Dreieck (le triangle), das Gebäck (les mots commençant avec *Ge-* sont souvent neutres), das Genick (le cou), das Gepäck, das Glück, das Stück, das Comeback, das Feedback (les mots importés sont souvent neutres)

-eer : das Heer (l'armée), das Meer (la mer), der Lorbeer (le laurier), der Teer (le goudron), der Speer (la lance), der Eritreer (l'Erythréen)

-kt :

masculins : der Affekt (l'émotion), der Akt, der Architekt, der Aspekt, der Defekt, der Dialekt, der Effekt, der Infarkt, der Infekt, der Instinkt, der Intellekt, der Katarakt (la cascade/la chute d'eau), der Konflikt, der Kontakt, der Kontrakt, der Markt, der Pakt, der Prospekt, der Punkt, der Respekt, der Sekt, der Takt, der Trakt

neutres : das Artefakt, das Delikt, das Edikt, das Konfekt, das Insekt, das Konstrukt, das Objekt, das Perfekt (le temps de l'imparfait en grammaire et les termes grammaticaux sont neutres), das Projekt, das Produkt, das Relikt, das Subjekt, das Verdikt (même catégorie que *das Urteil*)

Exception (féminine) : *die* Katarakt (la cataracte de l'œil ; à ne pas confondre avec *der* Katarakt, la chute d'eau)

-isch : la terminaison *-isch* est largement utilisée pour les adjectifs ainsi que pour quelques noms qui sont soit masculins soit neutres. Des noms masculins finissant en *-isch* : der Fisch, der Tisch, der Fetisch ; des noms neutres finissant en *-isch* comprennent les langues : das Arabisch, das Englisch, das Spanisch

-o : les noms qui se terminent avec *-o* sont d'habitude neutres ou masculins

Exemples (neutres) :

d'origine grecque (les noms importés sont souvent neutres) : das Auto, das Kino, das Kilo, das Deo, das Trio, das Ego, das Foto[56], das Echo, das Logo, das Mikro, das Makro

d'origine latine :
das Video, das Credo/Kredo, das Neutrino, das Memo

d'origine française :
das Abo (venant de *das Abonnement*), das Bistro, das Büro, das Cabrio, das Karo, das Portfolio, das Rokoko, das Rollo

d'origine italienne :
das Solo, das Duo, das Manko, das Tempo, das Motto, das Fresko, das Studio, das Ghetto, das Piano, das Kasino, das Konto, das Veto, das Lotto, das Porto, das Intermezzo, das Inferno, das Libretto, das Risiko, das Rondo, das Fiasko, das Inkasso, das Kommando, das Szenario, das Intro

d'origine anglaise :
das Banjo, das Ufo, das Shampoo, das Bingo, das Placebo

d'origine espagnole :
das Embargo, das Lasso, das Eldorado

Une langue se terminant en *-o* (les langues sont neutres) :
das Esperanto

Instruments de musique finissant en *-o* :
das Cello, das Cembalo, das Piano

Les types de sports se terminant en *-o* qui sont neutres :
das Judo, das Polo, das Rodeo

Les noms de pays neutres finissant en *-o* :
(das alte) Montenegro, (das alte) Marokko, (das alte) Monaco, (das alte) Mexiko

Exceptions (noms masculins se terminant en *-o*) :

- o der Bolero (beaucoup de danses sont masculines)
- o der Cappuccino (les boissons sont masculines)
- o der Dingo (même catégorie que *der Hund*)
- o der Dynamo (la plupart des types de machines sont masculines)

o der Embryo (même catégorie que *der Fetus, der Keim*)
o der Eskimo
o der Espresso (les boissons sont souvent masculines)
o der Euro (beaucoup de devises sont masculines)
o der Fango (la boue utilisée dans les traitements ; la catégorie provenant du sol est masculine)
o der Flamenco (les danses sont masculines)
o der Flamingo (les grands oiseaux ont tendance à être masculins)
o der Gecko
o der Gigolo
o der Ginkgo
o der Gusto (même catégorie que *der Geschmack*)
o der Kakao (les boissons sont masculines)
o der Macho
o der Mungo (la mangouste)
o der Oregano (les épices sont masculines)
o der Pluto (la catégorie des « corps célestes » est masculine)
o der Porno
o der Saldo (même catégorie que *der Betrag, der Kontostand*)
o der Salto (même catégorie que *der Überschlag*)
o der Schirokko (une sorte de vent)
o der Sombrero (même catégorie que *der Hut*)
o der Tacho (la plupart des types de machines et instruments sont masculins)
o der Tango (les danses sont masculines)
o der Torero
o der Tornado (les types de vents sont masculins)
o der Torpedo (la plupart des types de machines sont masculines)
o der Torso (même catégorie que *der Oberkörper*)
o der Trafo (le transformateur : la plupart des types de machines sont masculines)
o der Zoo (même catégorie que *der Tiergarten*)

Exceptions (féminines) : die Demo, die Disko, die Limo, die Info (abréviations pour *die Demonstration, die Diskothek, die Limousine, die Information*) ; die Uno/UNO, die NATO, die NGO (à cause du *O* pour *die Organisation*) ; die Avocado, die Mango (les fruits sont pour la plupart féminins), die Libido

-os : il s'agit d'une terminaison typique pour beaucoup de noms et de mots grecs masculins ; comme par exemple, le dieu grec du vin, Dionysos

Lorsqu'ils sont importés en allemand, les noms grecs se terminant par *-os* ont tendance à rester masculins (*der Kosmos, der Mythos*) ou ils deviennent neutres comme dans la plupart des mots importés (*das Chaos, das Pathos*). Il sera utile de noter que les noms allemands se terminant par *-os* ne sont généralement pas associés à des noms féminins.

-tz :

- o der Blitz
- o der Schlitz
- o der Sitz
- o der Witz

Féminin ou masculin

-mut : Les noms se terminant par *-mut* appartiennent aux trois genres, mais les plus abstraits sont principalement féminins ou masculins. Les noms abstraits masculins ont tendance à représenter des caractéristiques plus agressives, alors que les féminins ont tendance à suggérer un plus grand degré de soumission[57]

- o die Armut (la pauvreté)
- o die Demut (l'humilité)
- o die Langmut (la patience)
- o die Sanftmut (la douceur)

124

- o die Schwermut (la mélancolie)
- o die Wehmut (la mélancolie)

mais :

- o der Mut (le courage)
- o der Freimut (la franchise)
- o der Hochmut (l'arrogance)
- o der Missmut (le mécontentement)
- o der Übermut (l'exubérance)
- o der Unmut (la rancœur)
- o der Wagemut (l'audace)

Les noms décrivant le monde physique ont tendance à être neutres, d'où *das Bismut* (un élément chimique)

Les doubles consonnes

Les noms finissant par des consonnes doubles peuvent être masculins, neutres ou féminins. Une combinaison des Règles 1 et 2 peuvent parfois aider à trouver le genre. Ainsi, les noms courts, à syllabe unique, ont tendance à être masculins, à moins qu'ils ne se réfèrent à un nom associé à une terminaison typique pour un autre genre ou s'ils se réfèrent à une catégorie de noms d'un autre genre.

Masculins : der Ball, der Drall, der Drill, der Fall, der Hall, der Müll, der Zoll, der Griff, der Stoff, der Damm, der Schlamm, der Sinn, der Tipp, der Biss, der Griess, der Gruss, der Fluss, der Frass (la bouffe), der Fuss, der Kloss, der Kuss, der Pass, der Russ, der Spass, der Schweiss, der Spiess, der Strauss, der Schluss, der Schuss, der Stoss, der Schoss, der Fleiss, der Ritt, der Tritt

Neutres : das Ass, das Fass (la barrique), das Kinn (le menton), das Fell (la fourrure animale), das Schiff (même catégorie que *das Boot*), das Kaff, das Netz, das Deck (le niveau, même catégorie que *das Niveau*), das Glück, das Bett, das Brett, das

Fett (les noms se terminant en *-ett* ont tendance à être neutres dans 95 % des cas), das Lamm (les diminutifs sont neutres), das Schloss, das Mass, das Floss, das Gefäss, das Gesäss, das Geschoss (les mots commençant en *Ge-* sont souvent neutres), das Edelweiss (la terminaison est une couleur et toutes celles-ci sont neutres)

Féminins : die Nuss (les fruit et les noix ont tendance à être féminins), die Null (les nombres sont féminins), die Nachtigall (les petits oiseaux sont féminins), die Geiss (la chèvre)

Les noms avec plus d'un genre

Une petite partie de noms allemands peut être répertoriée avec plus d'un genre. Ce phénomène est parfois causé par des préférences régionales. Par exemple, si vous venez de l'Allemagne du Nord, la préférence pour *E-Mail* sera féminine du fait que cela vient de la même catégorie que *die Post*. En revanche, en Allemagne du Sud, en Autriche et en Suisse, ils ont décidé qu'il s'agissait d'un mot étranger importé et, en conséquence, ont opté pour *das E-Mail*.

Un autre exemple est le nom *App*. Certaines personnes pensent qu'une application de logiciel est féminine car c'est l'abréviation pour *die Applikation* ; d'autres pensent que c'est neutre parce qu'il fait partie de la même catégorie que *das Progamm*. Par conséquent, il s'agit soit de *die* App soit de *das* App.

Etant donné que la langue est dynamique, il y aura invévitablement des changements dans les genres au fil du temps. Par exemple, le *Duden Fremdwörterbuch* a fait 199 changements de genres de noms entre les éditions de 1960 et de 1997[58].

La combinaison des deux genres masculin et neutre est la plus commune. L'option neutre peut souvent être expliquée par le nom importé d'une autre langue :

- o der/das Aquädukt (importé du latin, donc neutre)
- o der/das Barock (en référence à l'art baroque, à la musique ou à l'âge ; un mot français importé neutre)
- o der/das Biotop (un mot grec importé neutre)
- o der/das Bonbon (importé du français)

- o der/das Dotter (le jaune d'œuf ; un autre mot pour *das Eigelb*, suggérant une préférence de catégorie pour le neutre)
- o der/das Drittel (les Allemands disent *das*, les Suisses *der*)
- o der/das Dschungel (même catégorie que *der Urwald*, mais également une importation étrangère de jungle, par conséquent *das*)
- o der/das Extrakt (même chose que *der Auszug* et *das Konzentrat*)
- o der/das Fakt (venant de *das Faktum*)
- o der/das Gelee
- o der/das Iglu
- o der/das Indigo
- o der/das Joga/Yoga
- o der/das Kehricht
- o der/das Kosovo (un cas inhabituel d'un pays avec deux genres)
- o der/das Liter (les Suisses préfèrent *der*)
- o der/das Link
- o der/das Log-in/Login
- o der/das Match (les Allemands utilisent *das*, car il s'agit d'un synonyme de *das Spiel* ; par contre les Suisses *der* parce que cela signifie *der Wettkampf*)
- o der/das Meter
- o der/das Nougat
- o der/das Perron
- o der/das Piment
- o der/das Pontifikat
- o der/das Purpur (cramoisi/violet)
- o der/das Pyjama (les Allemands préfèrent *der* car c'est le synonyme de *der Schlafanzug* ; les Autrichiens et les Suisses optent pour *das*, parce que les noms finissant en -*ma* sont neutres)
- o der/das Radio (en Allemagne du Sud, en Autriche et en Suisse, la tendance est pour *der* parce que c'est la même catégorie que *der Rundfunk*))
- o der/das Scan

o der/das Silo
o der/das Spagat
o der/das Storno
o der/das Tattoo
o der/das Teil (*der Teil* = une partie intégrante d'un tout, comme dans *der Stadtteil* ; *das Teil* = un élément détaché de quelque chose, même s'il faisait autrefois partie d'un ensemble, synonyme de *das Stück*)
o der/das Techno
o der/das Terminal
o der/das Viadukt
o der/das Virus (en utilisation technique et scientifique la préférence est pour *das*)
o der/das Volleyball

En deuxième place, on y trouve la combinaison des genres masculins et féminins :

o der/die Abscheu (décrivant le dégoût, la révulsion) ; ce mot a ses racines dans *die Scheu*, la timidité, ce qui pourrait expliquer pourquoi les Allemands ne peuvent toujours pas décider de son genre. A l'origine, cependant, *Abscheu* a tendance à être masculin, ce qui montre comment le genre de certains mots peut également se transformer au cours des siècles)
o der/die Appendix
o der/die Fussel (la peluche)
o der/die Mambo (danse latino-américaine ; les danses sont masculines)
o der/die Oblast
o der/die Python (tandis que les noms se terminant en -*on* sont masculins, le python se trouve dans la même catégorie que *die Schlange*)
o der/die Samba (danse latino-américaine ; la terminaison -*a* est plus typique pour les noms féminins)
o der/die Salbei (la sauge ; les épices sont masculines, mais la terminaison en -*ei* a tendance à être féminine)

o der/die Sellerie (les légumes entrent dans une
   catégorie masculine s'ils ne finissent pas par -*e*)

Ensuite vient la combinaison du féminin et du neutre :

o die/das Aerobic (*die* Übung ou *das* Fitnesstraining)
o die App (die Applikation), das App (das Programm)
o die Cola (nord de l'Allemagne) ou *das* Cola (en
   Autriche, en Suisse et au sud de l'Allemagne)
o die/das Consommé (mot français importé, mais se
   terminant par le -*e* qui est associé à des noms
   féminins)
o die E-Mail (nord de l'Allemagne) ou *das* E-Mail (en
   Autriche, en Suisse et au sud de l'Allemagne)
o die/das Foto (féminin parce que le mot original est *die
   Fotografie* ou parce que les mots se terminant en -*o*
   sont neutres)
o die/das Furore (importé de l'italien, ce qui le rend
   neutre, mais qui a une terminaison en -*e*, en grande
   partie associé avec des noms féminins)
o die/das SMS (les Allemands préfèrent *die* parce que
   SMS est un synonyme pour *die Kurznachricht*, tandis
   que les Autrichiens et les Suisses penchent eux pour
   das, car il s'agit d'un nom importé et ceux-ci sont
   neutres)
o die/das Tram (dans la majeure partie de l'Allemagne,
   on semble croire que Tram est l'abréviation de *die
   Trambahn,* qui le rend féminin, mais dans certaines
   parties du sud de l'Allemagne et en Suisse, on pense
   que l'origine étrangère de « tramcar » ou de
   « tramway » fait opter pour le neutre)

De rares noms ayant les trois genres :

o der, die ou das Bookmark
o der, die ou das Dingsbums (le truc/le machin)
o der, die ou das Joghurt
o der, die ou das Spam

o der, die ou das Triangel

Notez qu'occasionnellement, un genre différent pour le même nom peut complètement changer sa signification, dans quel cas vous devez connaître le genre précis. Heureusement, il n'y a que très peu de ces noms :

- o der Appendix (en référence à un livre), die Appendix (en référence à l'anatomie)
- o der Band (le volume), die Band (le groupe de musique), das Band (le ruban)
- o der Katarakt (la chute d'eau), die Katarakt (la cataracte)
- o der Kiwi (l'oiseau), die Kiwi (le fruit)
- o der Kristall (le minéral), das Kristall (un objet fait à partir de cristal)
- o der Lama (le prêtre bouddhiste), das Lama (l'animal)
- o das Laster (le vice), der Laster (le camion)
- o der Mast (le mât), die Mast (l'acte d'engraissement)
- o der Moment (le moment/l'instant), das Moment (le momentum, le facteur/le torque)
- o die See (la mer), der See (le lac)
- o das Tor (la porte), der Tor (le sot/le fou)
- o der Verdienst (le revenu), das Verdienst (le mérite)

Les noms sans genre

Très peu de noms n'ont pas de genre. Ce sont :

o Aids
o Allerheiligen (la Toussaint ; le 1er novembre en Europe occidentale)

Index et test de compétence

Pour trouver le genre des noms allemands, vous devez connaître le genre associé avec certaines *catégories* et certains *sons*. Cet indice peut donc aussi servir d'auto-contrôle de votre compétence. Chaque entrée nécessite essentiellement une réponse à la question : « Quel genre cela a-t-il tendance à représenter ? »

A

-a, 72
-aal, 26
-aar, 96
-acht, 73
-ade, 73
-är, 96
-ag, 26
-age, 73
-al, 97
-all, 26
-am, 27
-an, 27
-ang, 30
animaux, 20
animaux bébés, 94
-ant, 31
-anz, 73
arbres, 71
-art, 74
-ast, 31
-at, 97
-auch, 32
-aum, 32

autorité, pouvoir et gouvernance, 66

B

boissons alcoolisées, 23
-bold, 32
-bot, 99

C

café, thé et gâteau, 23
-cht, 86
-ck, 120
communication, 67
connaissance et sagesse, 67
corps célestes, 21
couleurs, 92

D

des objets inanimés, 13
des substantifs liés à la mythologie, 8
détergents, 96
diminutifs, 94

E

-e, 74

-ee, 78
-eer, 120
-eg, 32
-ei/-erei, 79
-eil, 100
-eis, 33
-el, 42
-em, 100
-en, 33
-ent, 36
-enz, 81
-er, 37
-ett, 100
-euer, 102
-eur, 46

F

-falt, 82
feu et l'eau, 94
fleurs, 71
fon/-phon, 102
formes, 67
formes allongées, 22
formes creuses, 69
formes de pinces, 68
formes nettes, 68
formes plates, 67
fractions, 95
-ft, 85

G

G-, 120
Ge-, 102, 120
-gion, 87
-grafie/-graphie, 82
-gramm, 105

H

-heit, 82
herbes, 94

I

-ial, 106
-ich, 47
-icht, 82
-ie, 83
-iel, 106
-ier, 106
-ig, 47
-ik, 83
-iker, 47
-in, 83
-ing, 107
insectes, 71
instruments de musique, 67
-ip, 108
-isch, 121
-ismus, 50
-itis/-tis, 84
-iv, 108

J

jours de la semaine, 20

K

-keit, 84
Kn-, 54
-kt, 121

L

L'équipement/ les
    instruments/ les outils, 23
la chasse, 69

la nourriture et subsistence, 69
-ld, 109
le genre de dernier recours, 6
le genre de l'abstrait, 8
le temps, spécialement les délais courts, 66
-lein, 109
les éléments du tableau périodique, 94
Les fruits, 71
les gestes, 70
les habits, 22
les jus, 23
les mois, 20
les noms associés à Cendrillon, 10
les repères sur la boussole, 20
les saisons, 20
lettres de l'alphabet, 92
-ling, 55
livres/ les papiers/ les protocoles, 95
logiciels, 72
-logie, 84

M

-ma, 109
marques de motos, 70
marques de voiture, 24
matériaux, 94
médecine, 96
-ment, 110
métaux, 94
monnaies, 24
montagnes, 21

morceaux et petites particules, 94
-mpf, 55
-mut, 124

N

-ner, 56
-ness, 120
-nion, 87
-nis, 111
nombres et les mathématiques, 66
noms avec plus d'un genre, 127
noms d'hôtels, cafés, clubs, théâtres, cinémas, 96
noms de navires, 70
noms de trains, 24
noms dérivés d'adjectifs, 92
noms dérivés de l'infinitif, 92
noms des continents, 93
noms étrangers, 96
noms sans genre, 132

O

-o, 121
-og, 56
oiseaux, 71
-ol, 113
-om/-ym, 114
-on, 56
-orm, 87
-os, 124

P

pâtes dentifrice et leurs marques, 72

périodes pendant la journée,
20
-pf, 56
plans d'eau intérieurs, 21
plantes, 22
précipitations et les vents, 21

R

règles, permissions et
limites, 66
rivières à l'extérieur de
l'Europe centrale, 21
rivières en Europe centrale,
69

S

saleté et déchets, 21
-schaft, 87
Schwa-, 56
signaux de navigation, la
navigation et la voile, 70
-sion, 87
-sis, 87
-skop, 114
-ss, 120

T

-t, 84
-tät, 87
-tel, 56
termes grammaticaux/ parties
de discours, 92
-thek, 87
-tion, 87
tonalités musicales, 95
-tum, 114
types d'avion, 70
types de danses, 25

types de musiques, 25
types de poissons, 22
types de sols, minéraux et
roches, 21
types de sports et de jeux, 95
-tz, 120, 124

U

-u, 56
-uch, 57
-ug, 58
-um, 116
-ung, 58, 87
unités de mesures des
températures, 95
unités de mesures en
physique, 95
unités de poids, 95
-ur, 89
-ür, 90
-us, 58

W

-werk, 117

X

-x, 65
-xion, 87

Y

-yl, 118

Z

-zept, 118
-zeug, 118

Remarques

[1] Sur la base d'une analye des quelque 100 000 noms énumérés dans le Duden – Deutsches Universalwörterbuch, à mi-2015

[2] Sur la base d'une analyse informatique d'environ 16 millions de mots (par exemple des mots répétés avec tous leurs cas possibles) qui constituent la base de données de langue allemande, à mi-2015 (source : *Duden – Deutsches Universalwörterbuch*).

[3] Un exemple est le livre de grammaire allemande de 400 pages pour les étudiants anglais, *A Practice Grammar of German*, de Dreyer et Schmitt (2010). Au tout début de ce livre, il est conseillé de ne pas essayer de lire les règles de genre, mais de « mémoriser l'article défini avec chaque nom ».

[4] Twain, Mark. 1880. « The Awful German Language », Appendix D in *A Tramp Abroad*, Chatto & Windus.

[5] Köpcke, Klaus-Michael. 1982. *Untersuchungen zum Genussystem der deutschen Gegenwartssprache*. Max Niemeyer Verlag, page 1. Cet auteur cite quatre experts linguistiques de l'époque pour confirmer sa thèse.

[6] Köpcke, Klaus-Michael. 1982. *Untersuchungen zum Genussystem der deutschen Gegenwartssprache*. Max Niemeyer Verlag. Köpcke a également travaillé en étroite collaboration avec David Zubin, et ils ont publié conjointement des études de nombres, y compris Köpcke, Klaus-Michael et Zubin, David A., « Sechs Prinzipien für die Genuszuweisung im Deutschen : Ein Beitrag zur natürlichen Klassifikation » dans Linguistische Berichte 93 (1984), 26-50, reproduit à Sieburg, Heinz (ed.) 1997. *Sprache – Genus/Sexus*. Peter Lang. Voir aussi Zubin, D. A., & Köpcke, K.-M. 1981. Gender : A less than arbitrary category, dans R. A. Hendrick, C. A. Masek, & M. F. Miller (eds.), *Papers from the seventeenth regional meeting, Chicago Linguistic Society* (pp. 439-449). Chicago : Chicago Linguistic Society ; Zubin, D. A., et Köpcke, K.-M. 1984. « Affect classification in the German gender system. » *Lingua*, 63 : 41–96 ; Zubin, D. A., & Köpcke, K.-M. 1986. « Gender and folk-taxonomy : The indexical relation between grammatical gender and lexical categorization », dans C. Craik (ed.), *Noun classes and categorization* (pp. 139-180).

---

[7] La source pour les âges par lesquels les enfants allemands maîtrisent les aspects du genre allemand, comme cité dans ce paragraphe, vient des études référencées dans Mills, A.E. 1986. *The Acquisition of Gender* : *A Study of English and German.* Springer-Verlag.

[8] Krohn, Dieter et Krohn, Karin. 2008. *Der, das, die - oder wie?* Studien zum Genuserwerb schwedischer Deutschlerner. Peter Lang., p. 107

[9] Köpcke, Klaus-Michael. January 2009. *Genus*, p. 137, donne des références pour quatres expériences indépendentes.

[10] Les exceptions peuvent souvent être expliquées par la connaissance d'autres catégories ou par référence à des sons (Règle 2). Voyez par exemple le chapitre concernant les noms neutres pour une explication pourquoi c'est *das Bier* et *das Wasser*.

[11] Source : Duden - Deutsches Universalwörterbuch (2015).

[12] La source pour les âges par lesquels les enfants allemands maîtrisent les aspects du genre allemand, comme cité dans ce paragraphe, vient des études référencées dans Mills, A.E. 1986. *The Acquisition of Gender* : *A Study of English and German.* Springer-Verlag.

[13] Voir beaucoup de textes grecs et latins dans Brugmann, Karl. 1889. « Das Nominalgeschlecht in den Indogermanischen Sprachen », dans *Techmers Internationaler Zeitschrift für allgemeine Sprachwissenschaft*, 4 (1889), pp. 100-109, reproduit à Sieburg, Heinz (ed.) 1997. *Sprache – Genus/Sexus.* Peter Lang, pp. 33-43.

[14] Cette hypothèse est discutée dans Köpcke, Klaus-Michael et Zubin, David A., « Sechs Prinzipien für die Genuszuweisung im Deutschen : Ein Beitrag zur natürlichen Klassifikation » dans Linguistische Berichte 93 (1984), 26-50, reproduit à Sieburg, Heinz (ed.) 1997. *Sprache – Genus/Sexus.* Peter Lang, p. 101-107.

[15] Ces pourcentages sont dérivés de la table 2.7 « Some Phonetic Rules of Gender Assignment in German », dans Mills, A.E. 1986. *The Acquisition of Gender* : *A Study of English and German.* Springer-Verlag., p. 33.

[16] Köpcke, Klaus-Michael. 1982. *Untersuchungen zum Genussystem der deutschen Gegenwartssprache* ; Köpcke, Klaus-Michael. 1994. *Funktionale Untersuchungen zur deutschen Nominal- und Verbalmorphologie* ; Köpcke, Klaus-Michael. January 2009. *Genus.*

[17] En s'appuyant sur le même genre que *die Wohnung* donnerait le mauvais signal de genre dans ce cas parce que les noms se terminant par *-ung* ont tendance à être féminins.

[18] Cette hypothèse est discutée dans Köpcke, Klaus-Michael et Zubin, David A., « Sechs Prinzipien für die Genuszuweisung im Deutschen : Ein Beitrag zur natürlichen Klassifikation » dans *Linguistische Berichte* 93 (1984), pp. 26-50, reproduit dans Sieburg, Heinz (ed.) 1997. *Sprache – Genus/Sexus*. Peter Lang, pp. 97-98.

[19] Ici nous avons un autre cas relativement rare où les synonymes de mots étroitement liés ne partagent pas le même genre : alors qu'il s'agit de *der Swimmingpool,* c'est *das Schwimmbad.*

[20] Voir la référence pour les noms se terminant en *-ier* dans le chapitre sur les noms neutres pour une explication pourquoi c'est *das Bier.*

[21] Peut aussi être *der/die Mambo, der/die Rumba, der/die Samba.*

[22] Importé de l'anglais, qui a tendance à rendre *Gag* neutre, mais ici nous avons un exemple de comment la terminaison *-ag* a aidé à rendre ce nom masculin : *der Gag.* Un autre exemple est *der Lag* du nom anglais *lag* ; la terminaison *-ag* est donc fortement masculine.

[23] Voir la référence pour les pays dans le chapitre sur les noms neutres pour une explication de quel article choisir lorsqu'il s'agit d'un pays neutre, parce que l'article est habituellement omis.

[24] Les noms commençant avec *Ge-* sont en majorité neutres, mais voici une exception rare où la terminaison *-ang* permet de le rendre masculin. Ça pourrait suggérer que *-ang* est une forte terminaison masculine.

[25] Les noms importés ont tendance à être neutres ou alloués au genre de leur synonyme allemand. Le nom *der Toast* ne répond à aucune de ces règles s'il fait référence au pain grillé, mais son genre est cohérant avec le synonyme *der Trinkspruch*, dans le sens de lever son verre en l'honneur de quelqu'un, porter un toast.

[26] Wegener, Heide. 1995. *Die Nominalflexion des Deutschen – verstanden als Lerngegenstand.* Max Niemeyer Verlag., p. 75.

[27] Wegener, Heide. *dito.*, p. 75.

[28] En allemand, on peut identifier un verbe en forme infinitive par sa fin, comme dans *spielen* (jouer). Maintenant, transformons *spielen* en un

nom. Si vous vouliez vous référer à « l'acte de jouer », dans le sens de « jouer est une activité importante au jardin d'enfant », alors vous mettriez en majuscule *Spielen* pour montrer que c'est devenu un nom. Les noms créés à partir de verbes dans ce contexte sont typiquement neutres : *das Spielen*. Cette règle vous permet de connaître le genre de nombreux noms créés. De même, si vous rencontrez un nom se terminant par -*en*, qui n'est visiblement pas dérivé du verbe, comme dans le cas du jardin d'enfant, alors la probabilité est élevée que le nom soit masculin, car la majorité des noms se terminant en -*en* qui ne sont pas dérivés de verbes sont masculins, comme *der Kindergarten*.

[29] Les noms se terminant en -*ment* sont généralement neutres ; voir le chapitre sur les noms neutres.

[30] Pour les détails sur les terminaisons en -*ier*, voir le chapitre sur les noms neutres.

[31] Wegener, Heide. *dito.*, p.75

[32] Wegener, Heide. *dito.*, p. 75.

[33] Wegener, Heide. *dito.*, p. 75.

[34] Wegener, Heide. *dito.*, p. 75.

[35] Wegener, Heide. *dito.*, p. 75.

[36] Les noms finissant en -*ur* sont généralement féminins ; voir la référence pour -*ur* dans le chapitre sur les noms féminins.

[37] Les pourcentages pour les noms en -*ich* ont été dérivés de la table 2.7 « Some Phonetic Rules of Gender Assignment in German », dans Mills, A.E. 1986. *The Acquisition of Gender* : *A Study of English and German.* Springer-Verlag., p. 33 Springer-Verlag, p. 33.

[38] Köpcke, Klaus-Michael. 1982. *Untersuchungen zum Genussystem der deutschen Gegenwartssprache.* Max Niemeyer Verlag.

[39] Voir la référence -*ing* dans le chapitre sur les noms neutres.

[40] Voyez, par exemple, Köpcke, Klaus-Michael. 1982. *Untersuchungen zum Genussystem der deutschen Gegenwartssprache* et Köpcke, Klaus-Michael. January 2009. *Genus*, p. 136, qui fait référence à d'autres bibliographies sur le sujet.

41 Pas la même chose ou le genre que la plus petite unité de discours : *das Wort*.

42 Quelques exceptions : *das Klavier*, parce les noms d'objets inanimés se terminant en *-ier* sont neutres pour la plus grande partie des cas, comme dans *das Bier, das Papier* ; ce qui signifie également que le synonyme de *Klavier, das Piano*, sera neutre. Dans le cas du *Saxophon*, les noms finissant par des mots grecs, comme pour *-phon*, aurait tendance à être neutres.

43 Discuté dans Köpcke, Klaus-Michael et Zubin, David A., « Sechs Prinzipien für die Genuszuweisung im Deutschen : Ein Beitrag zur natürlichen Klassifikation » in Linguistische Berichte 93 (1984), 26-50, reproduit à Sieburg, Heinz (ed.) 1997. *Sprache – Genus/Sexus*. Peter Lang, p. 97-98

44 Ce pourcentage vient de la table 2.7 « Some Phonetic Rules of Gender Assignment in German », dans Mills, A.E. 1986. *The Acquisition of Gender : A Study of English and German*. Springer-Verlag., p. 33.

45 Wegener, Heide. *dito.*, p. 75.

46 Wegener, Heide. *dito.*, p. 75.

47 Voir la référence « unités de mesures des températures » dans le chapitre sur les noms neutres.

48 Ce pourcentage vient de la table 2.7 « Some Phonetic Rules of Gender Assignment in German », dans Mills, A.E. 1986. *The Acquisition of Gender : A Study of English and German*. Springer-Verlag., p. 33.

49 Ces pourcentages pour *-cht* sont ont été dérivés de la table 2.7 « Some Phonetic Rules of Gender Assignment in German », in Mills, A.E. 1986. *The Acquisition of Gender : A Study of English and German*. Springer-Verlag., p. 33.

50 Les noms se terminant en *-eur* sont typiquement masculins s'ils se réfèrent à une profession, un rôle ou une activité. Pour plus de détails, voir la référence *-eur* dans le chapitre sur les noms masculins.

51 Les pourcentages pour les noms en *-ur* et *-ür* ont été dérivés de la table 2.7 « Some Phonetic Rules of Gender Assignment in German », dans Mills, A. E. 1986. *The Acquisition of Gender : A Study of English and German*. Springer-Verlag., p. 33.

52   Selon une recherche sur internet menée à la mi-2017, il y avait une préférence de 6 : 4 pour *der* Kosovo plutôt que *das* Kosovo.

53   Mais curieusement pas *der Welpe* (le chiot).

54   Les pourcentages pour les noms en *-ett* ont été dérivés de la table 2.7 « Some Phonetic Rules of Gender Assignment in German », dans Mills, A.E. 1986. *The Acquisition of Gender : A Study of English and German.* Springer-Verlag., p. 33.

55   Les pourcentages pour les noms en *-ier* ont été dérivés de la table 2.7 « Some Phonetic Rules of Gender Assignment in German », dans Mills, A.E. 1986. *The Acquisition of Gender : A Study of English and German.* Springer-Verlag., p. 33.

56   Cela pourrait également être *die Foto*, parce que le mot original était *die Fotografie*.

57   Cette hypothèse est discutée dans Köpcke, Klaus-Michael et Zubin, David A., « Sechs Prinzipien für die Genuszuweisung im Deutschen : Ein Beitrag zur natürlichen Klassifikation » dans *Linguistische Berichte* 93 (1984), 26-50, reproduit à Sieburg, Heinz (ed.) 1997. *Sprache – Genus/Sexus.* Peter Lang, p. 101-107.

58   Schulte-Beckhausen, Marion. 2001. *Genusschwankung bei englischen, französischen, italienischen und spanischen Lehnwörtern im Deutschen : Eine Untersuchung auf der Grundlage deutscher Wörterbücher seit 1945.* Verlag Peter Lang, p. 223.

CPSIA information can be obtained
at www.ICGtesting.com
Printed in the USA
LVHW051342170221
679379LV00031B/1176